8°G
11348

La Grande Guerre et L'Europe nouvelle

8° G
11348

1909-1922

par l'Abbé E.-R. VAUCELLE
Diplômé d'Études Supérieures d'Histoire et de Géographie
Docteur ès-lettres

J. CHAUSSON
Licencié ès-lettres-histoire

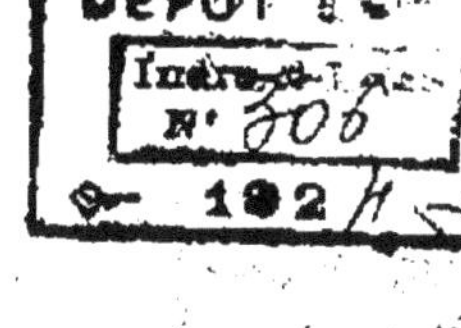

TOURS

ANCIENNE LIBRAIRIE ALFRED CATTIER

MARCEL CATTIER, EDITEUR

1923

LA GRANDE GUERRE. — L'EUROPE NOUVELLE

8° G
11348

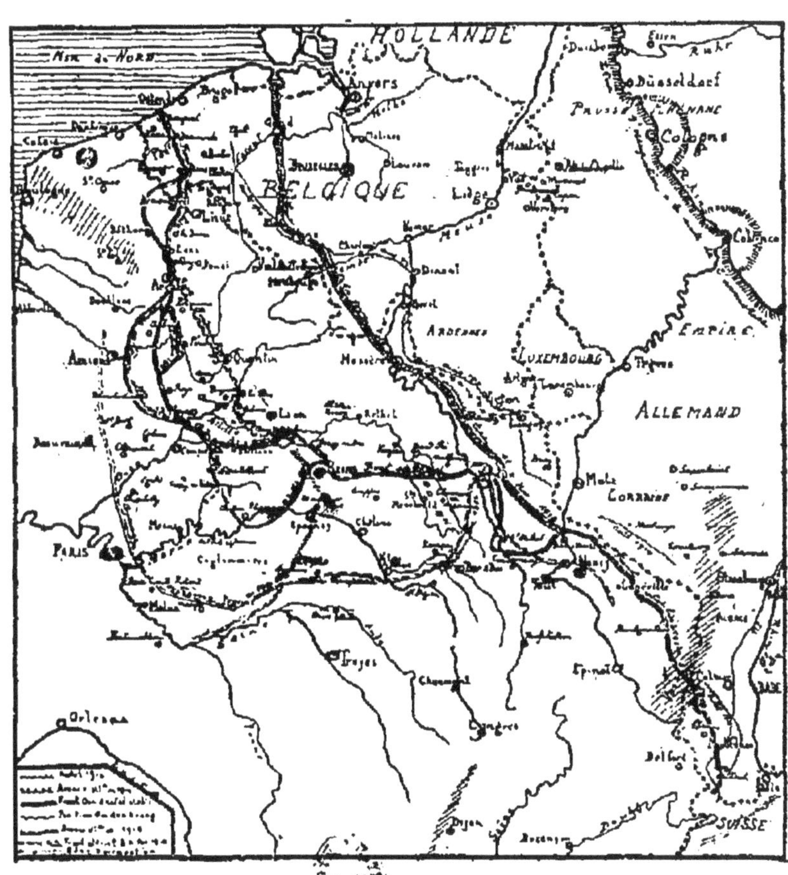

FRONT FRANÇAIS

La Grande Guerre

ET

L'Europe nouvelle

1909-1922

par l'Abbé E.-R. VAUCELLE

Diplômé d'Études Supérieures d'Histoire et de Géographie

Docteur ès-lettres

J. CHAUSSON

Licencié ès-lettres-histoire

TOURS

ANCIENNE LIBRAIRIE ALFRED CATTIER

MARCEL CATTIER, EDITEUR

—

1923

AVANT-PROPOS

Le petit travail que nous publions aujourd'hui a été tout d'abord destiné à compléter notre Cours d'histoire contemporaine. *Tel qu'il se présente, il peut cependant, croyons-nous, intéresser un plus grand nombre de lecteurs.*

Si l'on envisage, en effet, la période qui a précédé immédiatement 1914, que d'événements auxquels il est fréquemment fait allusion dans les discours, dans les articles de revues ou de journaux, qu'on sera heureux de se remémorer avec précision, et dont notre court exposé permettra de mieux saisir l'enchaînement !

Quant à la grande guerre elle-même, s'il est des noms ou glorieusement ou tristement célèbres qui sont dans toutes les mémoires, il n'en va peut-être pas de même de la marche même des opérations. Or il serait inadmissible qu'on fût plus instruit des campagnes de Napoléon, que des admirables campagnes qui nous ont valu la plus éclatante de nos victoires ! Notre récit prend donc place à côté de tous les autres qui ont déjà entrepris de mieux faire connaître la Grande Guerre *et nous espérons qu'il y pourra contribuer utilement.*

Enfin nous avons essayé de débrouiller l'enchevêtrement singulièrement compliqué des événements qui ont suivi la conclusion de la paix et qui en sont la conséquence. Nous avons cherché à en donner une vue tout à la fois succincte et claire. Nous nous sommes arrêtés seulement aux faits d'hier afin que nos lecteurs puissent se faire une idée aussi exacte que possible de la situation au milieu de laquelle ils vivent.

Notre travail s'adresse donc tout d'abord aux écoliers pour lesquels il sera un livre de classe, et aux lecteurs pressés qui aiment à trouver, sous la forme la plus brève, le plus grand nombre de renseignements.

La rédaction de ces pages est presque exclusivement l'œuvre de M. Jean Chausson, licencié es-histoire, qui nous a déjà apporté une précieuse collaboration pour notre Manuel. *Il fut non seulement témoin, mais acteur, et acteur particulièrement bien placé pour observer, d'un certain nombre des faits qu'il raconte.*

Sous son modeste aspect et dans la sobriété de sa forme, puisse ce petit livre contribuer à faire mieux apprécier les splendides ressources de l'âme française et encourager les jeunes générations à ne pas laisser perdre les fruits d'une victoire si chèrement achetée.

Tours, le 11 novembre 1922.

E. Vaucellé,

Docteur ès-lettres.

L'Époque Contemporaine

SIXIÈME PARTIE

(1909 — 1922)

CHAPITRE PREMIER

AVANT LA GUERRE MONDIALE

La situation des Puissances en 1914

Sommaire :

I. La Papauté. — Pie X (1903-1914) se montre le défenseur énergique de l'indépendance et des droits de l'Église, notamment en France, où s'accomplit la séparation de l'Église et de l'État (1905) ; — veille à maintenir l'intégrité de la doctrine catholique et à développer la vie religieuse. Avec Benoit XV, la papauté, malgré les épreuves et les difficultés de la guerre, est entourée d'un grand prestige. Reprise des relations avec la France. Propagande d'union auprès des églises séparées. — Pie XI succède à Benoit XV.

II. Les grandes Puissances. — *La France.* Gouvernée par le parti radical. Après l'affaire Dreyfus, politique antireligieuse qui aboutit à la loi sur les Congrégations et à la séparation de l'Église et de l'État, — politique antimilitariste avec la loi de deux ans. Les difficultés avec l'Allemagne ramènent à une meilleure politique avec la présidence de M. Poincaré (1912). Au point de vue extérieur, alliance franco-russe, accords avec l'Angleterre et l'Italie. — *L'Angleterre* vote le Home Rule pour l'Irlande, mais devant l'opposition de l'Ulster, l'application en est différée. — *L'Allemagne,* malheureuse dans son intervention au Maroc, obtient cependant des compensations ; intensifie le développement de son industrie et de sa marine marchande, concurremment avec l'accroissement de ses forces militaires et navales, rêve d'un immense empire germanique, la Mittel-Europa. — *L'Autriche* annexe la Bosnie-Herzégovine placée sous son protectorat, trouve dans les différences de races des difficultés intérieures. — *L'Italie* est gênée à l'intérieur par la question ro-

maine, cependant elle développe son industrie et sa marine ; à l'extérieur, elle se laisse séduire par des rêves de grandeur coloniale.
III. Les Balkans. — *La Turquie* est divisée par des dissensions de partis, Jeunes et Vieux Turcs. Profitant de cette situation, le Monténégro, la Serbie, la Grèce et la Bulgarie déclarent à la Turquie une guerre qui aboutit à l'écrasement de l'empire ottoman et au traité de Londres (30 mai 1913). Mais l'entente ne se maintient pas entre les alliés et une seconde guerre balkanique éclate dans laquelle la Bulgarie se voit attaquée par les Roumains, les Serbes et les Grecs. Elle subit de dures conditions au traité de Bucarest (10 août 1913). L'Albanie est proclamée indépendante, mais on ne peut aboutir à lui donner une organisation.

I

LA PAPAUTÉ

Pie X. Les rapports avec les États. — Léon XIII mourut en juillet 1903. Le Conclave lui donna comme successeur le cardinal Sarto, patriarche de Venise, qui prit le nom de Pie X. Il fut, lui aussi, une des gloires du Souverain Pontificat. La hauteur surnaturelle de ses vues et la fermeté qu'il montra dans le maintien des principes, imprimèrent à sa politique un caractère tout particulier de grandeur et de désintéressement. Il se montra le champion irréductible des droits de l'Église, dût-il l'exposer par là à la haine persécutrice du sectarisme.

C'est ce qui arriva pour la France. S'autorisant de prétextes futiles, le gouvernement français rompit de lui-même les relations avec le Saint-Siège et dénonça le Concordat. Puis, réalisant un article depuis longtemps inscrit dans le programme du parti radical, il réussit à faire voter par les chambres la loi de séparation, le 9 décembre 1905. Cette loi, qui proclamait que le gouvernement français ne reconnaissait et ne salariait aucun culte, prévoyait des associations cultuelles, composées des fidèles des différentes confessions. A ces associations seraient dévolus les biens appartenant aux anciens cultes reconnus et c'est elles seules qui, jouissant de l'autorisation de l'État, pourraient traiter avec lui. En réalité, la République se flattait d'aboutir au schisme gallican que n'avait pu consommer la monarchie. Pie X vit le danger, le dénonça hautement et, par ses deux encycliques *Vehementer nos* et *Gravissimo officii*, il condamna les associations cultuelles comme étant contraires aux principes de la hiérarchie catholique. C'était par là même renoncer à tout ce que possédait encore l'Église et la mettre dans la situation précaire d'une organisation ignorée de l'État et par conséquent dépourvue de tout droit. Le clergé français, tout entier, accepta le sacrifice qui lui était demandé et ceux qui avaient escompté des faiblesses furent frustrés dans leurs espérances.

L'Autriche essaya d'influer sur la politique papale et de la mettre au service de ses visées annexionnistes ; Pie X ne se prêta pas à ces manœuvres. Soucieux de l'indépendance du Saint-Siège, il supprima le privilège de l'*Exclusive* dont l'Autriche avait prétendu se servir au dernier conclave pour écarter le cardinal Rampolla, et interdit, sous les peines les plus graves, toute immixtion des pouvoirs civils dans l'élection du Souverain Pontife. L'Autriche ne put pas davantage réussir à avoir la surveillance des églises slaves comme elle le désirait, et quand elle demanda à Pie X de s'abstenir de signer un concordat avec la Serbie, celui-ci passa outre.

Le pape montra la même fermeté vis-à-vis de l'Espagne, dont la politique libérale tentait d'asservir l'Église à l'État. Il protesta également auprès de l'Allemagne et de la Russie qui se signalaient trop souvent par des persécutions mesquines à l'égard de leurs nationaux catholiques.

L'activité disciplinaire et doctrinale. — Pie X se montra également très soucieux de favoriser un plus grand essor de l'esprit religieux dans le monde chrétien. Il fut le pape de la *vie intérieure*. Dans son encyclique *Acerbo nimis* (1905), il demandait qu'on luttât contre l'ignorance religieuse : l'enseignement religieux devra toujours tenir la première place, et dans les séminaires l'enseignement sera conforme à la doctrine de saint Thomas. La même année, le Pape encourageait les fidèles à la communion fréquente et quotidienne et imposait aux chrétiens de faire communier les enfants de très bonne heure. Il prescrivit le retour à une musique religieuse d'allure plus pieuse et orienta ainsi le mouvement des études musicales vers le plain-chant et les mélodies palestriniennes (*Motu proprio* de 1903). Il demanda, dans l'intérêt de l'union de toute la Catholicité, que l'on adoptât pour le latin, langue officielle de l'Église, la prononciation romaine.

Il ordonna également une refonte générale du Droit Canon. Mais le nouveau code ne sera promulgué que sous son successeur Benoît XV. Avec une vigilance attentive, Pie X s'employa à défendre l'intégrité de la doctrine chrétienne contre toute tendance à l'hérésie. Il dénonça le *modernisme* qui menaçait de se préciser en théories dangereuses (encyclique *Pascendi*, 1907). Loisy en France, Fogazzaro en Italie et Tyrrel en Angleterre furent formellement condamnés.

Au point de vue social, le Pape revendiqua pour les évêques le droit à la direction et à la surveillance de toute action sociale catholique : ce qui l'amena à condamner *le Sillon* en 1910.

Lorsque la guerre devint menaçante en 1914, le Pape fit tous ses efforts pour maintenir la paix, mais l'Autriche catholique elle-même se refusa à recevoir le nonce venu pour supplier l'empereur de ne pas déclancher le conflit mondial. Pie X mourut le 20 août 1914, désespéré des atrocités qui signalaient déjà le début de la guerre.

Benoît XV. — A Pie X, succéda le cardinal della Chiésa, archevêque de Bologne, sous le nom de Benoît XV. Il était jeune et l'on pouvait espérer un long pontificat. Mais les années de son règne furent attristées par le terrible conflit qui désola l'Europe. Nous voyons ailleurs son rôle pendant la guerre. Au point de vue de l'histoire de l'Église, son pontificat tient une place également importante. La façon dont la presse du monde entier a parlé du pontife défunt montre assez de quel prestige jouit la Papauté. Jamais le Saint-Siège ne vit venir à lui un plus grand nombre d'ambassadeurs. Auprès de Benoît XV, étaient représentés non seulement des états catholiques, mais des états protestants comme l'Angleterre ; les nouveaux états, sortis de la guerre, ne tiennent pas moins que les anciens à avoir des relations officielles avec le Vatican, et d'ailleurs n'y ont pas moins d'intérêt. De plus, une détente se produit entre la Papauté et le Quirinal.

Le *non expedit* est supprimé, les catholiques peuvent voter en toutes circonstances et dès lors se constitue le parti populaire italien qui tiendra une grande place dans la vie politique de la péninsule. Les souverains catholiques venant à Rome n'auront plus à choisir entre le Pape et le roi d'Italie et pourront moyennant certaines conditions de protocole visiter l'un et l'autre. Enfin se produit un événement qui fut une grande joie pour le cœur du Pontife : la France vota le rétablissement des relations avec le Vatican et lui envoya un ambassadeur, en même temps qu'elle recevait un nonce (1921). Benoît XV n'avait pas manqué une occasion de témoigner sa sympathie à la France, notamment à l'occasion de la canonisation de sainte Jeanne d'Arc (mai 1921).

Benoît XV fut très préoccupé de la propagande catholique parmi les églises orientales et les églises slaves. Pour la rendre plus efficace, il défendit qu'on cherchât à amener au rite latin les nouveaux convertis. La débâcle russse entraînant la chute du tsarisme, soutien de l'orthodoxie, lui ouvrit un champ d'apostolat inattendu. Il prit diverses mesures en vue de ramener les Russes à l'unité catholique, mais surtout s'appliqua à témoigner à ceux-ci la plus fraternelle charité.

Il fut inopinément emporté par la grippe en janvier 1922. Le Conclave élut à sa place le cardinal Ratti, archevêque de Milan, qui prit le nom de Pie XI.

II

LES GRANDES PUISSANCES

La France

Si la politique de ralliement conseillée par Léon XIII ne donna pas tous les fruits qu'on en espérait, elle produisit cependant une détente dans la politique religieuse du gouvernement français. C'est alors que le ministre Spuller parla de « l'esprit nouveau. »

Mais le parti radical ne tarda pas à prendre la majorité

et à s'installer au gouvernement : il y resta jusqu'à la guerre de 1914. Il en profita pour appliquer son programme de laïcisation de l'Etat, et, on peut dire, de persécution religieuse. Les passions antireligieuses se trouvent d'ailleurs excitées par une affaire pourtant assez étrangère à l'Eglise, c'est-à-dire l'affaire Dreyfus.

Un officier de l'Etat-Major, le capitaine Dreyfus, fut condamné pour espionnage le 22 décembre 1894. Comme il était de religion juive, on voulut faire de sa condamnation une question d'antisémitisme et la révision du procès fut bientôt une occasion de division et de trouble pour tout le pays. Le procès fut révisé, et Dreyfus de nouveau condamné ; mais l'ébranlement causé par cette affaire persista longtemps, car on considéra les adversaires de Dreyfus comme les adversaires de la République et les partisans de toutes les réactions, y compris la réaction religieuse.

Le Bloc, constitué pour la défense de la République, fit voter la loi contre les Congrégations. La loi proposée par Waldeck-Rousseau était en réalité une loi sur les Associations qui marquait un véritable progrès sur la législation antérieure, mais qui, par ses exceptions à l'égard des Congrégations religieuses, n'aboutissait à rien moins qu'à les détruire. Puis bientôt après, avec Combes, s'accomplissait la séparation de l'Eglise et de l'Etat dont nous avons parlé ailleurs.

L'affaire Dreyfus avait également excité un souffle d'antimilitarisme. C'est sous cette influence que fut votée la loi qui réduisait à deux ans le service militaire (21 mai 1905).

Cependant nos difficultés avec l'Allemagne ramenèrent à des idées plus saines et à une politique plus véritablement nationale (1912). C'est comme patriote que M. Raymond Poincaré fut élu président de la République. Il fit voter la loi qui ramenait la durée du service militaire de deux à trois ans et la rendait obligatoire sans dispense.

Les événements montrèrent combien on avait eu raison de ne pas laisser diminuer notre puissance militaire. Il faut noter dans cette période le vote de l'impôt sur le revenu pour complaire aux socialistes. D'une meilleure inspiration furent les lois sur le repos hebdomadaire, sur l'enseignement professionnel et sur les retraites ouvrières.

Au point de vue extérieur, la France, jusque-là isolée, conclut un certain nombre d'accords qui auront leur répercussion sur les événements qui vont suivre.

C'est d'abord l'alliance franco-russe, préparée par Carnot et Alexandre III et conclue sous Nicolas II, pendant la présidence de Félix Faure (1897). Le public français montra combien cette alliance était conforme à ses désirs par l'accueil si favorable qu'il fit aux emprunts russes.

Nos relations avec l'Angleterre furent compromises par l'opposition de nos intérêts avec les siens, notamment en Afrique (affaire de Fachoda). Mais l'expansion maritime et coloniale de l'Allemagne invita l'Angleterre à se rapprocher de nous (1904). C'était l'*entente cordiale* qui reparaissait. L'Italie également réglait à l'amiable avec la France les difficultés qu'avaient suscitées ses ambitions coloniales.

L'Angleterre. — L'Angleterre est en train d'agiter la grave question de l'union avec ses *Dominions*. Le besoin se faisait sentir de renforcer la protection efficace du commerce et surtout de la marine marchande anglaise contre l'extension mondiale de la marine allemande. Plusieurs congrès avaient eu lieu sans que Londres ait pu obtenir de centraliser la défense des intérêts métropolitains et coloniaux. A la veille de 1914, il y avait bien union cordiale, mais l'Angleterre n'avait pas pu imposer toutes ses visées impérialistes, tant ses colonies tenaient au maintien de leur autonomie.

Gênée par ces questions extérieures, elle subissait toujours la grave crise irlandaise, véritable plaie intérieure qui fit trop longtemps la honte des temps contemporains. Le *Home Rule* fut enfin voté en 1912 ; mais l'obstruction violente des Orangistes en fit suspendre l'application immédiate. Les Comtés du Nord avaient été en effet colonisés autrefois par des presbytériens d'Ecosse, et les lords anglais avaient toujours été heureux de leur confier pour ainsi dire tacitement le contrôle politique de l'île. Avec le Home Rule, les Orangistes étaient donc réduits à jouer le rôle d'une minorité vis-à-vis de l'Irlande catholique du sud, à l'oppression de laquelle ils avaient tant contribué. Menacé ouvertement d'une guerre civile par les Irlandais de Belfast, le gouvernement anglais chercha à gagner du temps : l'application du Home Rule fut remise à 6 ans. Aussi quand éclata la Grande Guerre, les Irlandais montrèrent-ils une certaine répugnance à soutenir les alliés ; l'Allemagne put y encourager de regrettables résistances, notamment en ce qui concernait l'organisation du service militaire obligatoire.

De leur côté, les souverains anglais, Edouard VII (mort en 1910), puis Georges V, s'employèrent à apaiser les conflits et n'hésitèrent pas à négocier souvent par eux-mêmes les questions les plus délicates, même en voyageant à l'étranger. Ils furent souvent appelés les « commis-voyageurs » des intérêts anglais.

L'Allemagne. — La politique allemande devient de plus en plus envahissante à l'extérieur. Après avoir doté son pays d'une armée puissante dont la formidable organisation en imposait à tous les pays du monde, Guillaume II résolut de maintenir en Allemagne l'énorme réserve d'hommes dont il avait besoin. Il commença par enrayer les émigrations en masse qui menaçaient de dépeupler progressivement son pays, à partir de 1880. Il lança tous les capitaux allemands dans le développement colossal de l'industrie ; en vue de la concurrence mondiale, il encouragea la spécialisation des usines et, par suite, il lui fallut donner à son commerce et surtout à son commerce maritime une expansion en rapport avec celle de son industrie.

L'effort colonial allemand n'avait pas réussi. Sauf le Togo, toutes les colonies coûtaient à la métropole : les perpétuelles révoltes des Hottentots et des Herreros rendaient précaires sa position dans l'Afrique du Sud. Le Maroc, que l'Allemagne avait convoité, lui échappait définitivement devant la réprobation du monde et devant l'esprit de concession de la politique française. Par le « traité Caillaux » (4 novembre 1911), l'Allemagne renonçait définitivement au Maroc, mais gagnait, en plein cœur du Congo français, les deux « pointes de fichu » qui devaient permettre au rail allemand du Cameroun d'atteindre directement le Congo et l'Oubanghi, et favorisaient ainsi la possibilité de gagner les riches mines du Katanga à travers le Congo belge. L'Afrique orientale allemande avait atteint le lac Tanganika par une voie ferrée, et le trafic avait commencé avec cette même région du Katanga, jusqu'alors exploitée uniquement par le rail anglais.

Mais, pour mener à bien ce vaste programme, il fallait à l'Allemagne une marine extrêmement puissante. Les mers se couvrirent de navires allemands : rapidité, exactitude, bon marché, tels étaient les avantages que l'on trouvait à user du transit allemand. Cela amena par contre-coup le développement de la marine de guerre : les ports de la Baltique, menacés d'une prompte décadence, furent relevés par le développement des constructions navales qu'on leur confia. La Baltique fut unie à la mer du Nord par le canal maritime de Kaiser Wilhelm (canal de Kiel). Héligoland avait été rachetée aux Anglais en 1890 et puissamment fortifiée. Le port de Wilhemshafen est organisé en puissant port de guerre. Enfin toutes les dépenses sont engagées pour sept ans à l'avance (septennat maritime) depuis 1898. Le service obligatoire est porté à trois ans pour la marine. C'est le commencement de la lutte contre l'impérialisme maritime anglais.

Se sentant ainsi appuyé par des forces aussi puissantes, Guillaume II se laissa aller aux visées du *pangermanisme*. Il songea à faire du monde un vaste champ d'action pour l'emprise germanique. C'est ce qu'on appelle la *Welt-Politik*, qui se traduisit par le chant national du *Deutschland über alles* (l'Allemagne par-dessus tout). Dans ce but, l'empereur encouragea l'infiltration pacifique de ses nationaux dans les centres de villégiature et dans les capitales où ils fondèrent de puissantes colonies (1), dans les usines étrangères, dont ils fournirent les contremaîtres, les ouvriers spécialistes, les machines et quelquefois même les capitaux ; il sut regrouper les émigrants d'autrefois en leur donnant la conscience de leur force nationale, notamment aux États-Unis d'Amérique et au Brésil. C'était tout un plan d'invasion mondiale, préparé dès le temps de paix par ces colonies dites spontanées ou appelées encore *les Petites Allemagnes*.

(1) A Paris, la colonie allemande était suffisante pour assurer le tirage d'un grand journal quotidien, le *Pariser-Zeitung*.

BIBLIOTHÈQUE NATIONALE R.F. IMPRIMÉS

Seul le développement du socialisme allemand projetait sur cet essor dynastique son ombre menaçante. Mais les chanceliers Bülow (1900-1910) et Bethmann-Hollweg (1910-1917) parvinrent à orienter les socialistes vers une politique au moins nationale ; ce qui équivalait à faire comprendre au monde qu'il ne fallait pas compter sur l'obstruction efficace des socialistes allemands au jour suprême où le Kaiser partirait en guerre pour développer par les armes l'expansion de l'influence germanique.

L'Autriche. — L'Autriche continue à multiplier ses visées sur les Balkans ; elle suscita même en 1907 un incident assez grave à propos du chemin de fer bosniaque. A l'instigation du comte d'Œhrenthal, l'empereur avait obtenu du sultan de construire une voie ferrée reliant la Bosnie à Mitrovitza, ce qui équivalait à autoriser le rail autrichien à germaniser le pays situé entre Serajevo et Salonique. La Russie prit en main la défense des intérêts balkaniques, appuyant ainsi les protestations serbes, grecques et macédoniennes ; l'Italie n'hésita pas à appuyer la Russie. Pour faire céder l'Autriche, le tsar parla d'établir un chemin de fer reliant le Danube à l'Adriatique. L'Autriche eut la sagesse de ne pas réaliser son projet, et tout rentra dans le calme.

Mais l'année suivante, l'annexion de la Bosnie-Herzégovine, coïncidant avec la proclamation d'indépendance de la Bulgarie, faillit réveiller les susceptibilités des peuples balkaniques. L'Autriche se refusa à accepter la réunion d'une Conférence européenne, et la Turquie consentit à reconnaître l'annexion moyennant certaines conditions (26 février 1909).

A côté des questions du Proche-Orient, François-Joseph avait à s'occuper, dans ses états, de la question des nationalités. Jamais il ne consentit à envisager l'hypothèse d'un fédéralisme absolu. D'ailleurs, l'opinion européenne lui était favorable ; les empiétements autrichiens sur tous les états voisins étaient jugés nécessaires pour la paix de l'Europe centrale. Aussi, quand, en 1914, François-Joseph céda aux suggestions guerrières de l'Allemagne, ce fut en Europe un vrai sursaut d'indignation. On ne pouvait comprendre que ce vieux souverain de 84 ans, jusqu'alors sympathique à tous par son grand âge et les deuils tragiques de sa famille, partît en guerre pour écraser dans le sang le soi-disant *crime serbe* de Serajevo.

L'Italie. — Depuis la formation de l'unité italienne, l'Italie a eu une série de souverains qui ont cherché à orienter leur pays vers une politique européenne d'expansion économique et même coloniale : Victor-Emmanuel II, mort en 1878, — Humbert Ier, assassiné en 1900, — et enfin Victor-Emmanuel III.

A l'intérieur, la politique est restée très instable. La *question romaine* ne reçut pas de solution satisfaisante et elle pesa lourdement sur toute la vie du pays. Les catholiques italiens reçurent du pape Pie IX l'ordre de ne pas voter et de ne participer en rien à la gestion d'un gouvernement excommunié : ce qui obligea le roi à gouverner avec des partis, souvent très avancés et prêts à se rallier aux théories anarchistes. Le Quirinal, n'ayant pu faire céder le Vatican, fit semblant de l'ignorer. Mécontent de ne pouvoir recevoir les souverains catholiques, il toléra la reprise de menées anti-cléricales : le choix du 20 septembre pour la fête nationale fut une provocation. En 1907, les loges maçonniques parvinrent même à faire élire maire de Rome Nathan, alors Grand-Maître de l'ordre. Mais jamais le Vatican ne se laissa intimider. En 1913 seulement les catholiques reçurent, en quelques circonstances, l'autorisation du Pape de voter en faveur des partisans du maintien de l'ordre : ce fut le signal du commencement de la détente.

A l'extérieur, l'Italie voulut parvenir, coûte que coûte, à faire figure de grande puissance ; elle se lança dans une politique de mégalomanie malheureusement disproportionnée avec les ressources du pays. Le roi Humbert Ier encouragea l'entrée de l'Italie dans la Triple-Alliance avec l'Allemagne et l'Autriche. Bismarck avait déjà fait des avances dès 1873 ; l'annexion de la Tunisie par la France, coupant court à un rêve de conquête italienne caressé depuis longtemps, jeta l'Italie dans le rapprochement austro-allemand. Il faudra l'obstruction mesquine de l'Autriche pour empêcher en 1914 un renouvellement formel de l'alliance.

L'Allemagne et l'Autriche voulurent alors avoir une alliée

forte ; et elles la lancèrent dans de folles dépenses militaires et maritimes (service obligatoire de 3 ans, bases navales de la Spezzia, de la Maddalena, de Naples, de Tarente, etc...). Le ministère Crispi tenta l'aventure coloniale ; l'Italie put s'établir en Erythrée et dans la Somalie, mais elle subit de graves désastres en Abyssinie, où ses armées furent nettement battues par le négus Ménélik. Le traité d'Addis-Ababa (1896) ruinait de ce côté tous les espoirs italiens.

Dès lors, l'Italie comprit qu'elle devait cesser sa politique de magnificence. Le percement du tunnel du Saint-Gothard et du Simplon releva le transit du port de Gênes et permit d'intensifier l'essor industriel de l'Italie du Nord. Les questions irrédentistes devenaient de plus en plus brûlantes : les troubles italophiles à Trieste et à Fiume en 1908 furent impitoyablement réprimés par l'Autriche. En 1909, le gouvernement autrichien fit fermer l'université italienne d'Insbrück et la transféra à Vienne, tandis qu'elle aurait dû trouver normalement sa place à Trieste.

A cela s'ajoutèrent les inquiétudes méditerranéennes et surtout adriatiques, lors de l'incident du chemin de fer bosniaque de 1907 et de l'annexion de la Bosnie-Herzégovine en 1908. De plus l'Autriche multipliait visiblement ses positions défensives sur toute la frontière italienne ; partout de multiples voies stratégiques furent établies dans les Alpes et en Istrie. L'Italie sentit que la Triple-Alliance devenait de plus en plus précaire. Elle tenta un rapprochement vers la France. Déjà, en 1896, elle lui avait reconnu la possession de la Tunisie ; puis le traité de commerce de 1898 avait rétabli des relations économiques indispensables à la vitalité de l'industrie italienne ; ce traité fut solennellement renouvelé en 1903, à la suite d'une visite mutuelle des chefs des deux états signataires. A partir de ce moment, l'Italie s'entendit avec la France et l'Angleterre pour le règlement amiable des questions méditerranéennes au Maroc, en Egypte et dans le Proche-Orient.

L'Italie songea alors, elle aussi, à se partager les dépouilles de l'*Homme malade* en entreprenant la conquête de la Tripolitaine et de la Cyrénaïque (1911). La Turquie ne voulant pas céder, l'Italie commença l'occupation des îles de la mer Egée ; mais elle échoua devant les Dardanelles (1912). Il fallut le déclanchement de la guerre des Balkans pour amener la Turquie à céder et à signer le traité d'Ouchy-Lausanne (octobre 1912). La pacification de la Tripolitaine fut très pénible ; mais elle eut pour principal effet de favoriser l'émigration italienne et surtout de provoquer la fermeture des derniers marchés d'esclaves en Afrique.

III

LES BALKANS

La situation en Turquie. — Fort de son succès de 1908, le parti Jeune-Turc fit remettre en vigueur la constitution de 1876. Mais, devant les affronts nationaux subis en Bulgarie, puis en Bosnie-Herzégovine, le sultan Abdul Hamid tenta en 1909 une contre-révolution et dispersa le Comité Jeune-Turc. Toutefois l'armée de Salonique intervint ; elle s'empara de Constantinople, en chassa les Hamidiens et déposa Abdul Hamid qui fut remplacé par Mahomet V.

Malheureusement la dictature Jeune-Turque ne répondit pas aux grands espoirs qu'elle avait fait naître. Elle tenta de donner à la Turquie un essor économique pour lequel elle trouva facilement l'appui des capitaux européens ; mais elle adopta une politique de *panislamisme* qui lui aliéna trop souvent la sympathie des puissances. L'Allemagne seule encouragea la Turquie dans la réforme de son armement et de son organisation militaire (mission von der Goltz) ; mais l'opinion publique européenne fut douloureusement émue par la reprise des massacres contre les Arméniens (à Adana, 1909 : excès sanguinaires des Druses, 1910 : tueries du Sanstoun, 1912 et 1915). Les musulmans furent également victimes de l'étroitesse d'esprit des Jeunes-Turcs au point de vue religieux. Les insuccès de la guerre italo-turque (1911 1912) mirent le comble à la mesure : les Vieux Turcs en profitèrent pour organiser « l'Entente libérale » et une ligue militaire qui parvinrent à chasser les Jeunes-Turcs du pouvoir. Cette situation anarchique favorisa les ambitions des peuples balkaniques qui s'entendirent pour refouler définitivement hors d'Europe les envahisseurs musulmans de 1453.

Première guerre balkanique. Traité de Londres. — En 1912, l'effervescence atteignit son paroxysme dans tous les pays balkaniques : les États songèrent à défendre leurs intérêts nationaux en se partageant les territoires chrétiens qui restaient encore entre les mains de la Turquie. Ils se décidèrent à agir sans rien demander à l'Europe, marquant ainsi qu'ils voulaient s'affranchir de sa tutelle. Ils prirent alors pour devise : « les Balkans aux Balkaniques ». Le Monténégro, la Serbie, la Grèce et la Bulgarie s'entendirent pour envoyer à la Turquie l'ultimatum du 2 octobre 1912, par lequel ils réclamaient une certaine autonomie pour leurs frères de race et de religion dans les provinces de Turquie. Ces prétentions alarmèrent l'Autriche qui se montra menaçante contre les « Quatre » confédérés ; l'Allemagne, sûre à l'avance de la victoire turque, calma les appréhensions autrichiennes, et un conflit européen fut évité.

Les Balkaniques eux-mêmes cependant s'étaient entendus d'une façon un peu trop sommaire sur leurs prétentions territoriales. La guerre prit dès le début l'aspect d'opérations menées individuellement, en ce sens que, travaillant à l'anéantissement de l'ennemi commun, chacun des alliés se battait pour son propre compte sur les zones qui devaient lui revenir plus tard. C'est ainsi que vers la fin de 1912, une armée serbo-monténégrine s'emparait de Novibazar et mettait le siège devant Scutari ; une armée serbe prenait Uskub et Monastir ; l'armée grecque se portait d'une part en Epire où elle fit le siège de Janina, d'autre part en Albanie où elle bloqua Vallona malgré les protestations italiennes, et enfin en Macédoine où elle occupa Cavala puis Salonique, devançant ainsi les Bulgares qui s'en montrèrent très déçus. La flotte grecque restait maîtresse de la mer Égée, le ministre Vénizélos reçut solennellement les députés crétois à la chambre héllénique.

L'armée bulgare se couvrait de gloire en remportant la victoire de Kirk-Kilissé, en investissant Andrinople, en brisant la valeur offensive de l'armée turque à la bataille de Loulé-Bourgas (29, 30 et 31 octobre) ; mais son offensive dut s'arrêter devant les retranchements turcs de Tchataldja. Pendant ce temps, l'Albanie se soulevait et proclamait son indépendance (29 novembre).

La Turquie ne put tenir devant cette avalanche ; le comité « Union et Progrès », constitué par les Jeunes-Turcs, rejeta à son tour sur les Vieux-Turcs la responsabilité des malheurs nationaux ; ceux-ci obtinrent l'armistice du 3 décembre, et les négociations de paix s'ouvraient à Londres lorsque les Jeunes-Turcs, reprenant le pouvoir par le coup d'Etat de Janvier 1913, se montrèrent d'une intransigeance telle que les hostilités reprirent en Mars. Janina fut prise le 9, Andrinople fut emportée le 26 et Scutari capitulait le 23 avril. Devant ces insuccès que ne compensèrent pas les succès turcs derrière les lignes de Tchataldja, la Turquie accepta les conditions de paix du *Traité de Londres* (30 Mai 1913) : elle abandonnait aux Balkaniques tous les territoires situés à l'Est de la ligne Enos-Midia, ainsi que l'île de Crète ; elle recommandait aux Puissances le sort de l'Albanie et s'en remettait à l'Europe pour le règlement des questions financières, provoquées par ses pertes territoriales.

Le partage des conquêtes. — La signature du traité fut le signal d'un désaccord violent entre les vainqueurs : la Bulgarie se crut appelée à se montrer la plus exigeante ; et, poussée par l'Autriche, peut-être aussi par l'Allemagne, elle donna l'ordre à son généralissime Savof d'attaquer l'armée serbo-grecque. Cette trahison bulgare mit à nouveau le feu aux Balkans.

L'Autriche était en effet furieuse d'avoir perdu définitivement toute chance d'accès à Salonique et avait encouragé le tsar Ferdinand Ier de Bulgarie dans ses prétentions. Il y avait bien eu en 1912 des traités secrets réglant les partages futurs, mais les événements avaient changé la position des alliés. La Serbie avait dû aider aux Bulgares pour leur permettre de prendre Andrinople ; de plus la proclamation d'indépendance de l'Albanie lui avait fermé tout espoir d'atteindre l'Adriatique. La Grèce se montrait intraitable pour la question de Salonique. La Roumanie, qui s'était abstenue jusque là d'intervenir dans le conflit, donna tort à la Bulgarie et en profita pour réclamer la rectification de sa frontière bulgare.

La Russie, qui avait été désignée, dès les accords de 1912, comme arbitre éventuel pour les partages, convoqua les balkaniques à Saint-Pétersbourg. La Bulgarie ne joua pas franc jeu ; elle offrit même à l'Autriche de lui donner Salonique ou Cavala pour prix d'une intervention en sa faveur : la conférence échoua.

Deuxième guerre balkanique — La guerre se déchaîne : 300.000 Roumains envahissent la Bulgarie qui ne tente aucune résistance. La Turquie profite de l'aubaine pour se déclarer contre la Bulgarie et lui reprendre Andrinople. Serbes et Grecs envahissent la Bulgarie, font leur jonction avec les Roumains et prennent Philoppopoli. Dans un pareil désarroi, la Bulgarie demande à l'Autriche sa médiation ; celle-ci lui propose de s'entendre avec la Roumanie. La Bulgarie lui promet aussitôt la cession de la Silistrie au sud de la Dobroudja ; et la Roumanie amène la Bulgarie à traiter directement avec ses anciens alliés et à signer la *paix de Bucarest* (10 août 1913).

Les conditions étaient dures pour la Bulgarie : la Roumanie se faisait reconnaître les cessions faites en Dobroudja ; la Serbie conservait Novibazar, Monastir et l'accès à la mer Égée par une voie ferrée partant de Salonique et traversant le territoire grec. La Grèce gardait Janina, Salonique et Cavala. La démobilisation de l'armée bulgare devait être opérée immédiatement ; et ensuite les alliés évacueraient la Bulgarie dans les 15 jours.

La Turquie concluait de son côté avec la Bulgarie un accord spécial qui lui reconnaissait la possession d'Andrinople et de Démotika. La Bulgarie avait donc subi une terrible humiliation ; elle avait rêvé d'occuper Constantinople et de faire des Bulgares les « Prussiens des Balkans » : cela ne fut pas sans influence sur la détermination que prendra bientôt la Bulgarie de se ranger, dans la guerre mondiale, aux côtés des Austro-Allemands.

L'Albanie. — Pendant la conférence de Londres (29 juillet 1912), l'Autriche prit en main les intérêts albanais et fit reconnaître par les puissances l'indépendance de ce pays, à majorité plutôt musulmane. En réalité, elle pensait l'organiser elle-même en y faisant nommer comme roi un souverain de race germanique, le prince de Wied. Cette mesure déplut à l'Italie, inquiète de la prépondérance que l'Autriche allait prendre dans l'Adriatique ; les Italiens auraient voulu occuper Vallona et fermer ainsi le canal d'Otrante à toute expansion autrichienne vers le Sud. Le Monténégro qui revendiquait la zone nord de l'Albanie fut obligé d'évacuer Scutari. La Grèce revendiquait le sud de l'Albanie, comme étant de race grecque. A l'intérieur du pays, les luttes étaient perpétuelles entre les Mirdites catholiques, les bandes belliqueuses des Malissores et le groupe important de religion musulmane. Devant toutes ces difficultés, le prince de Wied abdiqua, abandonnant l'Albanie à son sort (mars 1914). Quand éclata le conflit mondial, l'anarchie n'avait pas encore cessé dans ce pays, dont l'organisation paraissait impraticable malgré toute la bonne volonté des puissances.

Conclusion. — Vers le milieu de 1914, la situation paraissait devoir se stabiliser. La Triple-Entente résultant de l'alliance franco-russe, de l'entente cordiale franco-anglaise et de l'entente anglo-russe, semblait balancer la Triple-Alliance. La France ne cherchait qu'à vivre en paix pour compléter sa pénétration au Maroc ; l'Angleterre était suffisamment absorbée par sa politique maritime et les difficultés irlandaises. L'Italie cherchait à intensifier son industrie naissante et à pacifier la Tripolitaine surtout dans les oasis du Sud, où les musulmans organisaient une résistance armée souvent efficace. Quant aux Balkans et à la Turquie, ils ne songeaient qu'à panser leurs plaies et à réorganiser et unifier leurs nouveaux territoires.

De plus, l'opinion publique des peuples avait confiance dans l'efficacité des mesures diplomatiques prises pour prévenir les grands conflits possibles. Plusieurs arbitrages avaient déjà réussi : on prenait de plus en plus confiance dans l'autorité que pourrait avoir dorénavant le tribunal de la Haye ; on sentait parmi les peuples la volonté bien nette d'en arriver à l'évolution du monde vers un état de paix perpétuelle.

L'Allemagne seule, avec son développement de forces militaires, avec ses rêves inquiétants de pangermanisme mondial, pensait à se constituer au centre de l'Europe un « Mittel Europa », sorte de trust des états germaniques ou susceptibles d'être germanisés. Mais comme on croyait savoir que l'Autriche aspirait au maintien de la paix, comme, d'autre part, l'Italie semblait en froid dans ses rapports avec ses alliés, on considérait volontiers l'agitation belliqueuse de l'empereur d'Allemagne comme répondant, non pas à une menace directe contre la paix du monde, mais plutôt comme une élucubration vantarde d'un cerveau égaré quelque peu par la folie des grandeurs : tout cela pouvait servir de panache pour éblouir les hobereaux prussiens, mais la lourde situation financière dans laquelle se débattait alors l'Allemagne semblait être le plus sûr garant du maintien de la paix.

CHAPITRE II

LA GRANDE GUERRE

(1914 — 1918)

SOMMAIRE

L'assassinat de l'archiduc héritier d'Autriche, commis à Serajevo par un étudiant serbe sert de prétexte à des réclamations inadmissibles présentées par l'Autriche à la Serbie. L'Allemagne qui veut la guerre soutient les prétentions de l'Autriche, la Russie prend fait et cause pour la Serbie. L'intervention conciliante des autres puissances n'obtient aucun résultat. Dès les premiers jours du mois d'août 1914, la guerre est déclarée entre la France et la Russie d'abord, puis la Belgique et l'Angleterre, d'une part, et l'Allemagne et l'Autriche d'autre part. L'Italie, le Japon, la Chine, la Roumanie se joindront au premier groupe, la Turquie, la Bulgarie au second.

I. Les offensives de grand style. — L'Allemagne commence par violer la neutralité de la Belgique, ce qui décide l'Angleterre à entrer dans le conflit. Nos troupes tentent une diversion heureuse d'abord, mais sans résultat, sur l'Alsace. Puis c'est la ruée des armées allemandes vers Paris et la retraite stratégique des armées françaises sous les ordres de Joffre jusqu'à la Marne. Le 5 septembre, la retraite s'arrête, nos troupes reprennent l'offensive, c'est la première victoire de la Marne. Le front allemand se fixe sur une ligne qui ne variera guère jusqu'au printemps de 1917. — Après la chute d'Anvers (10 octobre) les Allemands veulent gagner Dunkerque et Calais, mais ils sont arrêtés par les batailles de l'Yser (16 octobre) et d'Ypres (25 octobre). En Serbie, l'Autriche d'abord victorieuse dut reculer, les Russes s'avançaient en Galicie et en Hongrie.

II. La guerre d'usure. — 1915. De brillants combats, mais rien de décisif sur le front français. La Russie obligée de reculer au delà de Varsovie (6 août) et de Vilna (15 septembre). On tente l'expédition des Dardanelles qui échoue ; les alliés s'installent à Salonique. La Serbie est envahie. L'année 1916 est marquée par les combats autour de Verdun et la bataille de la Somme, le front n'est entamé ni d'un côté ni de l'autre. Pendant ce temps se déploie l'offensive foudroyante de Broussilof en Galicie ; l'Italie, entrée en guerre, réalise une avance sérieuse. La Roumanie se joint aux alliés, mais après quelques succès, elle est envahie. Au printemps de 1917, s'effectue le repli des forces allemandes sur la ligne Hindenbourg, suivi de l'offensive de Champagne. Les États-Unis se décident à déclarer la guerre à l'Allemagne (6 avril 1917) ; d'autre part la révolution russe réduit à néant l'activité militaire de la Russie, puis l'Italie subit le désastre de Caporetto, bientôt réparé. Mais la Russie signe la paix de Brest-Litovsk (3 mars 1918), et la Roumanie celle de Bucarest (5 mars).

III. La reprise des offensives de grand style. — L'arrivée des Américains décide les Allemands à chercher une solution avant qu'ils ne soient en nombre. Les alliés prennent une décision que les événements rendent urgente, l'unité de commandement. Les offensives allemandes réussissent à des avances sensibles en Picardie, en Artois, dans le Soissonnais, mais nulle part le front n'est percé. A leur tour les armées alliées prennent l'offensive (septembre) ; seconde victoire de la Marne. Dès lors, elle la garderont ; les Allemands, devant d'incessantes attaques sur tout le front, devront reculer jusqu'à ce qu'ils se résignent à demander un armistice (11 novembre 1918). La Bulgarie envahie avait demandé l'armistice le 29 septembre, la Turquie le 31 octobre, l'Autriche le 3 novembre.

L'attentat de Serajevo et ses conséquences. — En réalité, l'Allemagne voulait bien la guerre, pour laquelle elle était prête dès 1912. Mais elle n'avait pas encore pu utiliser d'incident propre à faire éclater une vraie « querelle d'Allemand » : elle pensait plutôt déterminer un de ses alliés à déclarer la guerre, quitte à l'appuyer aussitôt et à déclancher ainsi le conflit mondial tant souhaité. Cette occasion lui fut fournie le 28 juin 1914 par l'attentat de Serajevo (Bosnie), dans lequel l'archiduc héritier d'Autriche François-Ferdinand et son épouse trouvèrent la mort. L'Allemagne, consultée par l'Autriche (5 juillet), insinua qu'il y avait là matière à ouvrir les hostilités. L'Autriche, ayant trouvé par ses enquêtes sur le crime que les assassins étaient serbes et avaient employé des munitions de guerre de l'armée serbe, en profita pour accuser le gouvernement serbe d'avoir été l'instigateur réel du complot. Elle envoya donc à Belgrade la note violente du 23 juillet, dont les exigences allaient jusqu'à compromettre l'indépendance même de la Serbie. Le gouvernement serbe devait répondre dans les 48 heures. Cette façon d'agir montrait évidemment que l'Autriche cherchait un prétexte de guerre : la Serbie, cependant, se rendant aux instances de la France et de l'Angleterre, et assurée de la mauvaise volonté de l'Allemagne qui avait refusé une médiation internationale (24 juillet), céda sur tous les points de l'ultimatum et s'en remettait, le cas échéant, au jugement du tribunal de la Haye (25 juillet). Cette soumission inattendue désappointa l'Autriche ; mais cette puissance préféra brusquer les événements en montrant d'ailleurs la plus insigne mauvaise foi par la rupture incompréhensible de ses relations diplomatiques avec la Serbie.

Dès la note du 23 juillet, l'Allemagne commençait à mobiliser en portant d'abord son armée active sur le pied de guerre : toutes mesures étaient prises en Alsace-Lorraine dès le 25, sur les chemins de fer le 26 ; le Grand-Duché de Bade mobilisait le 27 ; les réservistes étaient appelés le 28. Pour couvrir tous ces préparatifs, l'Allemagne se prêtait à des conversations diplomatiques qui traînèrent en longueur. La Russie, en sa qualité de protectrice des Slaves, intervient en faveur de la Serbie : d'où violent mécontentement de l'Autriche. L'Allemagne semble regretter que l'intervention russe l'oblige à soutenir l'Autriche ; et les journaux allemands accusent la Serbie et la Russie de se poser en perturbateurs de la paix. Enfin cédant aux instances de l'Angleterre, l'Allemagne acceptait le principe d'une médiation internationale le 27, quand l'Autriche, ayant pu commencer sa mobilisation en toute sécurité, déclare brusquement la guerre à la Serbie le 28. La Russie riposte par une mobilisation partielle de ses forces, mais en spécifiant que cette mesure vise l'Autriche, et non pas l'Allemagne.

Vers le conflit mondial. — Cherchant à mener l'affaire pour le mieux des intérêts allemands, le chancelier Bethmann-Hollweg prévient l'Angleterre qu'il va intervenir auprès de l'Autriche, mais que la mobilisation russe risque de tout compromettre. Puis, allant encore plus avant, il demande à l'Angleterre de rester neutre dans le conflit qui va éclater : il lui promet le 29 de respecter complètement la neutralité hollandaise ; la Belgique ne sera que traversée et elle n'en subira aucun dommage ; quant à la France, on ne lui enlèvera après sa défaite que quelques colonies. L'Angleterre s'opposa dès le 30 à toute violation de la neutralité belge et refusa tout accord qui pourrait être fait aux dépens de la France. Pendant ce temps, les puissances neutres, alarmées par ces négociations et l'impudence des prétentions allemandes, mobilisaient : la Belgique, la Suisse, la Hollande mettaient leurs armées sur le pied de guerre.

Toutefois les négociations engagées à propos de la Serbie étaient sur le point d'aboutir grâce à l'esprit conciliant du tsar. L'Allemagne fait alors preuve de mauvaise foi en prénant aussitôt en mains les intérêts de son alliée ; elle intime au tsar l'ordre de démobiliser dans les 12 heures. Les nouvelles, venues d'Autriche, apprennent bientôt au tsar que la mobilisation générale autrichienne est bien terminée (31 juillet) ; il riposte par un ordre de mobilisation générale des forces russes. L'Allemagne en fait autant (1er août), puis déclare la guerre à la Russie. La France se doit à elle-même de soutenir son alliée et riposte de son côté par la mobilisation générale (1er août, à 15 h. 30) ; mais, pour éviter toute accusation d'avoir provoqué la guerre par des incidents de frontière, le gouvernement français ordonne aux troupes françaises de se retirer à 10 kilomètres en arrière.

L'attaque brusquée d'août 1914. — La mobilisation russe ne pouvant s'effectuer qu'assez lentement, l'Allemagne avait grand intérêt à mettre la France rapidement hors de cause : la neutralité du Luxembourg est violée par elle et la petite forteresse française de Longwy est investie dès le 2 août. L'empereur envoie le 3 août un ultimatum à la Belgique pour obtenir le libre passage des troupes allemandes. Le roi des Belges Albert Ier refuse hautement de se prêter à cette perfidie. L'Allemagne, lasse de n'être pas venue à bout du calme français, prend sur elle de déclarer la guerre à la France le 3 août. La frontière belge est franchie le 4.

A ce moment, l'Allemagne subit de graves mécomptes diplomatiques : l'Italie lui notifie dès le 3 août qu'elle reste neutre, puisque, d'après les traités d'alliance, elle ne devait soutenir l'Allemagne et l'Autriche que si elles étaient attaquées ; la France en profite pour dégarnir sa frontière italienne. Puis l'Angleterre déclare qu'elle voit dans la violation de la neutralité belge un *casus belli ;* le chancelier laisse échapper dans son dépit cette fameuse parole historique, qu'on ne déclare pas la guerre pour un « chiffon de papier », c'est-à-dire pour respecter sa signature au bas d'un traité. Or, l'Allemagne avait également signé la garantie de la neutralité belge. L'Angleterre rompt aussitôt les relations diplomatiques et déclare la guerre à l'Allemagne.

Elle notifiera l'état de guerre avec l'Autriche dès le 12 août ; puis le Japon suivra l'exemple de son alliée, en envoyant à l'Allemagne son ultimatum du 15 août et en déclarant l'état de guerre le 23 août. Le Portugal en fera bientôt autant. Cette fois c'est bien le conflit mondial voulu par l'Allemagne. La Chine prendra part au conflit aux côtés de l'Entente, en 1916.

I

1914. — LES OFFENSIVES DE GRAND STYLE

(suivant la méthode napoléonienne)

L'héroïsme belge. — Exécutant un plan longuement mûri à l'avance, et d'ailleurs souvent avoué cyniquement avant la guerre, l'Etat-Major allemand lance toutes ses forces disponibles par le couloir Meuse-Sambre afin d'atteindre la frontière du Nord de la France, insuffisamment fortifiée. Les Belges s'opposèrent héroïquement au colosse allemand et forcèrent l'admiration du monde en parvenant à retarder la marche victorieuse de l'ennemi. Après la prise de Gemmenich et de Visé, la résistance belge se concentre à Liège, place forte dans laquelle le général Leman résiste du 5 au 17 août avec ses 40.000 Belges contre 120.000 Allemands. La chute de Liège fut le signal de l'invasion générale de la Belgique ; Louvain était prise le 19 ; le 20, les Allemands occupaient Bruxelles ; la petite armée belge débordée se retirait sur la place forte d'Anvers où devaient la rejoindre des renforts anglais.

L'offensive française dans l'Est. — L'armée française était alors sous les ordres du général Joffre ; les contingents anglais, débarqués à la hâte en France, formaient une petite armée sous les ordres du maréchal French. L'Etat-Major français avait mobilisé les forces françaises face à la frontière de l'Est. Pour faire céder la violence de l'offensive allemande en Belgique, il dirigea une attaque vigoureuse sur l'Alsace-Lorraine. En Alsace, nos troupes entraient à Mulhouse le 8 ; un retour offensif allemand nous en délogeait aussitôt ; la ville était reprise le 19. En Lorraine, Château-Salins, Blamont, Saales étaient enlevées ; mais la ligne d'attaque française tombant sur tout un système défensif remarquablement organisé, subissait de graves échecs à Sarrebourg et surtout à Morhange.

Les Allemands talonnèrent l'armée en retraite ; ils prenaient Baccarat et Lunéville, mais ils étaient brusquement arrêtés par l'héroïque défense du général de Castelnau au Grand Couronné de Nancy (22 août au 6 septembre), et par la ténacité du général Dubail entre Epinal et Toul.

La ruée allemande sur Paris. — Les désastres de Belgique nous obligèrent à dégarnir notre front de l'Est. Mulhouse fut évacuée ; toutes les réserves disponibles furent envoyées en toute hâte en Belgique ; c'était la guerre de chemins de fer. L'armée française marche à l'ennemi qui déferle par la Meuse et la Sambre ; elle subit une grave défaite à Charleroi et à Virton. Joffre ordonne alors une retraite brusquée pour permettre le regroupement de nos forces, l'arrivée des réserves et le rapprochement des troupes vers leurs bases de ravitaillement.

Dès lors, l'armée allemande trouve le chemin libre devant elle ; Maubeuge assiégée tient à peine quelques jours, mais Longwy ne succombait que le 24 août. La tentative de submersion du Nord et de l'Est de la France s'effectue : 1°) par Stenay vers l'Argonne sous les ordres du Kronprinz impérial ; 2°) par la trouée de l'Oise et de la Fère vers Reims et la Marne par Bülow ; 3°) par la Scarpe, Arras et Saint-Quentin vers Senlis et Paris (« *Nach Paris* ») par l'aile enveloppante de von Klück qui parvient à 10 kilomètres de la capitale dès le 3 septembre. Paris est précipitamment évacué par le gouvernement le 2, et la défense de la ville est confiée au gé-

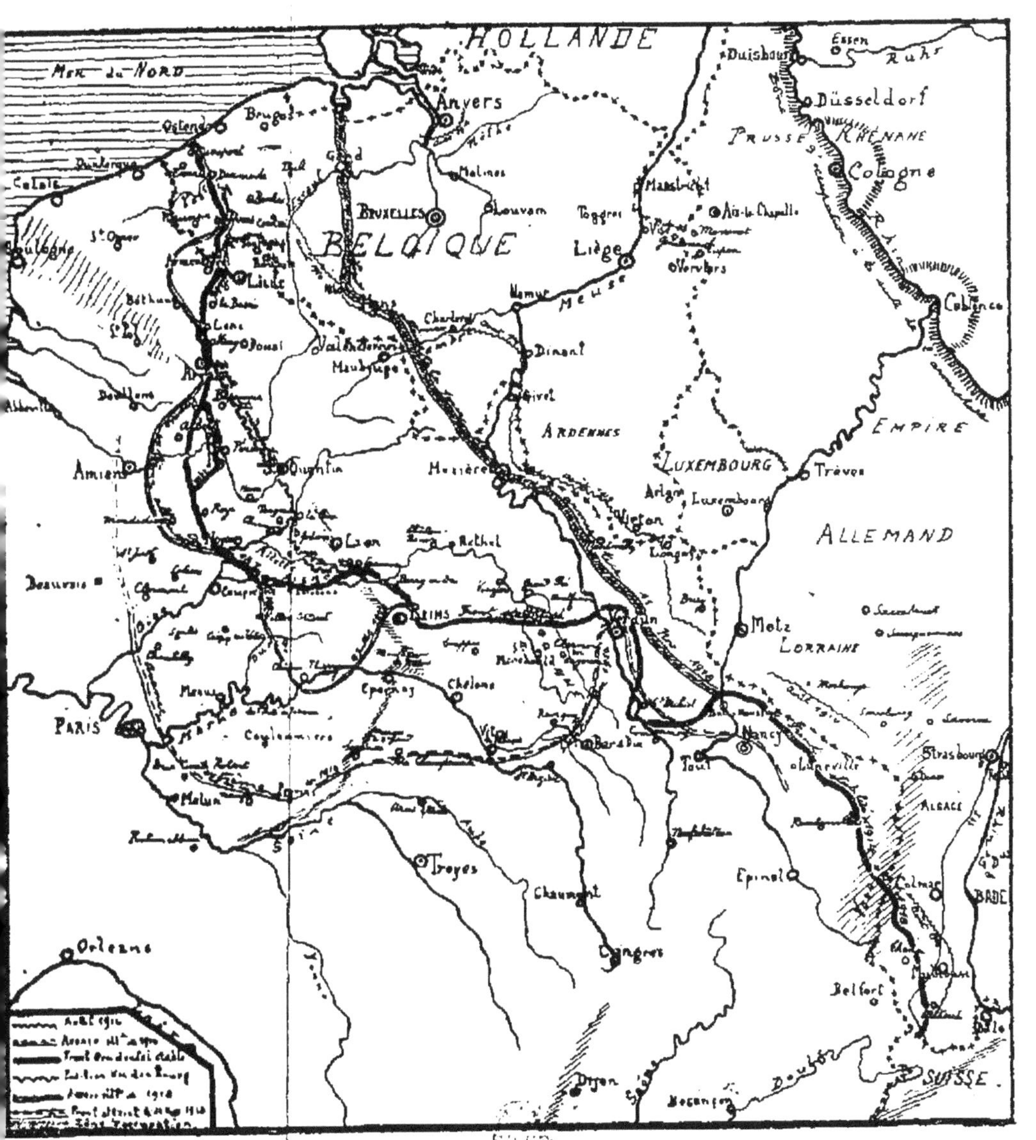

LE FRONT FRANÇAIS

néral Galliéni. Mais von Klück n'attaque pas Paris ; il reçoit l'ordre de se rabattre vers le Sud-Est pour refermer la tenaille sur l'armée française en retraite.

Pendant cette traversée de la Belgique et des zones françaises envahies, l'ennemi pratiquait ce qu'il appelait « la guerre courte et joyeuse », se livrant trop souvent à un pillage effréné, exécutant systématiquement un certain nombre de civils dans les villages et les villes, ne reculant pas devant l'incendie par ordre, afin d'en imposer aux Belges et aux Français par la terreur. (sacs de Louvain et de Malines ; exécution du maire de Senlis et incendie de la ville, etc... etc...)

Première Victoire de la Marne. — Joffre prescrivait enfin le 5 septembre d'arrêter la retraite et, dans un ordre du jour resté célèbre, il ordonnait d' « avancer coûte que coûte et de se faire tuer sur place plutôt que de reculer ». Cet ordre parvint à galvaniser les troupes un peu inquiètes de la retraite affreusement précipitée qu'elles venaient de faire : mais le soldat français avait été entraîné dès le temps de paix à des marches-manœuvres aussi déconcertantes. Il se ressaisit donc rapidement et put réaliser le *miracle de la Marne.*

Les masses allemandes dans leur hâte de maintenir le contact avec nos troupes en retraite, s'étaient hasardées trop loin de leurs bases de ravitaillement. Elles ne purent supporter le violent coup de butoir que lui opposèrent les troupes françaises se tendant contre elles dans l'énergie du désespoir. Le général Maunoury, aidé par les renforts envoyés de Paris par Galliéni, profita de la position imprudente de von Klück pour l'attaquer de flanc et le repousser au delà de l'Ourcq ; c'était en effet une faute de l'Etat-major allemand de s'être laissé coincer entre deux pivots aussi solides que l'étaient les places fortes de Paris et de Verdun. Le front allemand fut refoulé partout : les généraux Franchet d'Esperey et French vainqueurs à la Ferté-sous-Jouarre, reprenaient Château-Thierry et Epernay ; Foch à Fère-Champenoise et aux marais de Saint-Gond s'enfonçait en coin dans les lignes allemandes. Langle de Cary pénétrait à Vitry-le-François; Sarrail en Argonne repoussait le Kronprinz sur Varennes (9 au 13 septembre). C'était une belle

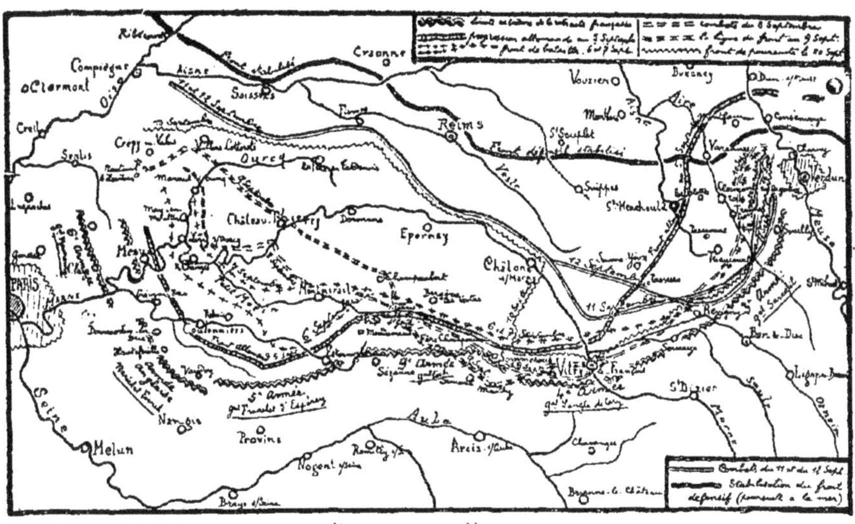

Bataille de la Marne

Message du Commandant en Chef — 6 septembre, 9 heures. — Au moment où s'engage une bataille dont dépend le salut du pays, il importe de rappeler à tous que le moment n'est plus de regarder en arrière. Tous les efforts doivent être employés à attaquer et refouler l'ennemi.

Une troupe qui ne pourra plus avancer devra, coûte que coûte, garder le terrain conquis et se faire tuer sur place plutôt que de reculer. Dans les circonstances actuelles aucune défaillance ne peut être tolérée.

Signé : Joffre.

Message à communiquer immédiatement à tous, jusque sur le front.

victoire : l'ennemi démoralisé battait précipitamment en retraite.

La « Course à la mer. » — L'armée belge avait essayé de résister dans Anvers ; la place, attaquée du côté de la Nèthe, fut abandonnée par l'armée belge de campagne, qui réussit à se dégager le long de la mer et à se replier sur l'Yser. Anvers succombait le 10 octobre ; la Belgique se trouvant presque totalement occupée, le gouvernement belge se retira d'abord à Ostende, puis au Hâvre (13 octobre).

L'Etat-Major allemand put monter une contre-offensive qui arrêta nos soldats épuisés par la poursuite ; puis il tenta de déborder notre aile gauche pour prendre Calais et Dunkerque ; l'Etat-Major français riposta en allongeant précipitamment son front vers le Nord. L'Allemagne se décida alors à mener une attaque décisive ; Foch se refusa à tout repli sur Dunkerque. La *bataille de l'Yser* s'engagea du 16 octobre au 10 novembre ; 6.000 fusiliers marins bretons firent à Dixmude une résistance obstinée qui vint à bout de l'attaque de 45.000 allemands ; enfin les écluses de Nieuport ayant été ouvertes, la mer envahit le champ de bataille ; les Allemands s'y enlisèrent et durent lâcher prise. La *bataille d'Ypres* engagée du 25 octobre au 15 novembre permit d'arrêter définitivement cette offensive allemande « nach Calais. » La côte anglaise était sauvée.

A partir de ce moment les travaux défensifs prennent un développement inusité par suite de l'impuissance matérielle des deux partis à continuer de pareilles offensives, si coûteuses et sans résultats bien décisifs. Le front fut puissamment organisé sur une longueur formidable de 800 kilomètres ; il était jalonné par une ligne Nord-Sud partant de Nieuport vers Arras, Albert et Compiègne ; puis, par une brusque équerre, il partait vers l'Est par Reims, Verdun, avec un décrochement vers le Sud par Nancy, les Vosges et Thann.

La guerre sur les autres théâtres d'opérations. — La Serbie avait réussi à se dégager de l'offensive autrichienne par les victoires du Jadar (20 août) puis du mont Roudnick (2 au 14 décembre).

La Russie, avec son réseau ferré insuffisant, avait besoin

de deux mois pour compléter sa mobilisation : elle avait cependant lancé en Prusse Orientale une offensive vouée d'avance à un échec certain, mais qui devait opérer une diversion capable de soulager le front français.

Hindenbourg refoula l'invasion russe après la bataille de Tannenberg ; mais sa marche sur Varsovie fut arrêtée par la victoire russe d'Augustovo (25 septembre au 3 octobre). Enfin le général Broussilof prenait une vigoureuse offensive en Galicie, s'emparait de Lemberg et pénétrait même en Hongrie. Il était temps que les États alliés de l'Europe centrale abandonnassent le front occidental pour enrayer le péril russe sur le front oriental.

En Orient, l'Angleterre, partant des Indes, attaquait en direction de Bagdad et s'emparait de Bassora. Aux colonies, le Togo, la Nouvelle-Guinée, les îles Samoa furent occupées. Seuls le Cameroun, l'Ouest et l'Est-Africain allemand, prolongeaient leur résistance. Les Japonais s'emparaient de Kiao-Tchéou, des Mariannes et des Carolines.

Sur mer, l'Allemagne avait renoncé à toute opération de grande envergure. Les cuirassés Breslau et Gœben se signalèrent par une courte équipée en Méditerranée et se réfugièrent finalement en Turquie ; la flottille allemande du Pacifique qui avait bombardé Tahiti, fut anéantie à la bataille navale des îles Falkland. La flotte anglaise se borna à quelques démonstrations sur Héligoland et sur la côte du Sleswig. La flotte française organisa le blocus de la côte dalmate (amiral Boué de Lapeyrère) ; la flotte autrichienne fut alors réduite à rester confinée dans les ports de Cattaro et de Pola.

Au point de vue diplomatique, les puissances de l'Entente avaient signé un acte important : par le *Pacte de Londres* du 4 septembre, l'Angleterre, la France, la Russie et plus tard le Japon s'engageaient à ne jamais conclure de paix séparée. Par contre, la Turquie venait de mettre ses forces à la disposition de l'Allemagne (2 novembre).

II

LA GUERRE D'USURE

(Hiver 1914 au printemps 1918)

Le renforcement défensif du front, ne cessant de s'améliorer, va rendre de plus en plus pénible toute reprise de l'offensive. Pendant quatre années, les adversaires s'ingénieront à multiplier les systèmes défensifs de leurs positions; ils essayeront tous les moyens de destructions sans arriver à des résultats bien satisfaisants malgré l'immense effort fourni et les pénibles et inutiles sacrifices d'hommes et de matériel.

L'ANNÉE 1915 : **l'aide mutuelle des fronts.** — Sur le front français, l'ordre est de *tenir* en attendant les événements ; on se borne à tenter des solutions de problèmes tactiques ou à essayer la puissance des engins nouvellement inventés. C'est alors que les Allemands inaugurent, contrairement à toutes les décisions antérieurement acceptées à Genève et aux conférences de la Haye, l'emploi des liquides enflammés et des gaz asphyxiants. En résumé se développe une série d'efforts colossaux pour de simples opérations locales : telles sont les luttes célèbres pour la Maison-du-Pasteur, le Four de la Grurie, Vauquois (guerre de mines), le Bois-le-Prêtre, les Eparges et le Vieil-Armand (Hartmannswillerkopf, dans les Vosges).

L'Etat-Major allemand centralisant entre ses mains toutes les forces de ses alliés, parvint à organiser des campagnes inquiétantes. Français, Anglais et Russes se décidèrent alors à coordonner leurs efforts en pratiquant l'*aide mutuelle des fronts*. Quand la Russie battait en retraite en Pologne, les Français engageaient la bataille de Perthes : les Russes pouvaient alors remonter une vigoureuse offensive en Galicie ; la forteresse de *Przemysl* succombait le 22 mars. Lorsqu'en mai et juin, les centraux déclenchaient les offensives victorieuses d'Hindenbourg sur Varsovie et de Mackensen sur la Galicie, et que Libau tombait entre les mains de l'ennemi, les forces franco-anglaises engageaient la *bataille de l'Artois*, célèbre par les tragiques et rudes épisodes de Notre-Dame de Lorette, de Carency et du Labyrinthe. Pendant que les Allemands s'acharnaient contre les Russes qui manquaient complètement de munitions, que *Varsovie* tombait le 6 août, Vilna le 16 septembre et que la Russie passait par une phase des plus critiques, l'offensive franco-britannique reprenait vigoureusement en Artois (bataille de Loos, la falaise de Vimy), et l'Etat-Major français livrait la *bataille de Champagne* (combats de la butte de Tahure, de la main de Massiges et de la ferme de Navarin) : ce fut un brillant succès, les réseaux barbelés ennemis ayant été déchiquetés à coups d'obus de 75 ; mais il fallut s'arrêter devant de nouveaux réseaux et s'organiser sur le terrain conquis malgré les contre-offensives ennemies.

En agissant ainsi les alliés avaient atteint l'hiver sans que l'ennemi ait pu « obtenir la décision » : car ils avaient réussi à enrayer jusqu'à un certain point la navette des réserves ennemies d'un front à l'autre.

Au cours de ces opérations, l'Italie était sortie de la neutralité et s'était rangée aux côtés de l'Entente (3 mai) ; par contre la Bulgarie se déclarait pour les Centraux.

L'Orient. Les Dardanelles. Le désastre serbe Les colonies — Dans le Proche Orient, on entreprit l'expédition des Dardanelles dont l'utilité s'imposait de toute urgence ; si les alliés pouvaient prendre pied à Constantinople, ils couperaient les Centraux de tout ravitaillement par la Mésopotamie ; de plus ils s'assureraient une voie d'accès pour envoyer des munitions aux Russes et ramener du blé de Russie. L'effort des alliés fut malheureusement insuffisant. Le 18 mars, la flotte franco-anglaise essaya de forcer directement le passage des détroits. Mais cette opération navale échoua faute d'être appuyée par un corps de débarquement. La faute fut vite réparée et des contingents franco-anglais, surtout coloniaux, débarquèrent à Gallipoli ; mais dans l'intervalle les Turcs s'étaient puissamment organisés. Après de longs efforts inutiles, l'expédition fut abandonnée et le réembarquement des troupes put heureusement se faire sans encombre.

Mais les Centraux ne voulurent plus s'exposer de nouveau à un pareil danger ; ils confièrent à Mackensen le soin d'écraser la Serbie, de façon à assurer la liberté des communications directes avec l'Orient. La Serbie aurait pu être efficacement aidée par la Grèce, à laquelle elle était alliée depuis 1912 ; mais le roi Constantin, beau-frère du Kaiser, exigea que la Grèce restât neutre. Les Serbes furent écrasés. Dès le mois d'octobre et de novembre, les Austro-Allemands avaient envahi la Serbie par le Nord et les Turco-Bulgares par l'Est, se livrant à des atrocités inouïes contre ce peuple qu'ils accusaient d'avoir causé la guerre.

L'armée d'Orient profita des droits serbes sur le chemin de fer de Salonique pour s'installer dans cette place ; la ville fut organisée en un vaste camp retranché, malgré les protestations grecques et on put y recueillir une partie des débris de l'armée serbe. Le gros des forces serbes avec le vieux roi Pierre, dut battre en retraite en plein hiver par les montagnes de l'Albanie et se rendre sur les bords de l'Adriatique ; la flotte française transporta à Corfou les malheureux soldats serbes fourbus, n'ayant plus pour la plupart ni armes ni équipements.

En Egypte, les Turcs avaient essayé de s'emparer du canal de Suez ; les Anglais purent heureusement les repousser, mais les Turcs s'organisèrent à nouveau, près du Sinaï, au camp d'El Arish. — En Mésopotamie, l'avance anglaise avait pu continuer à progresser et avait atteint Ctésiphon, à 40 kilomètres de Bagdad. — Aux colonies, l'Allemagne venait de perdre ses dernières possessions du Cameroun, de l'Ouest et de l'Est-Africain-allemand. — Sur mer, les flottes alliées se bornent à organiser des blocus et à convoyer les transports.

La mobilisation industrielle. -- Pendant l'hiver les fronts restèrent relativement calmes ; mais devant l'immense dépense de matériel exigée par les opérations, les nations belligérantes intensifièrent la production des *usines de guerre*. Joffre venait d'émettre un principe nouveau qui révolutionnait les habitudes jusqu'alors admises : « On ne lutte pas avec des hommes contre du matériel. » La victoire sera dorénavant à celui qui aura pu entasser le plus de réserves

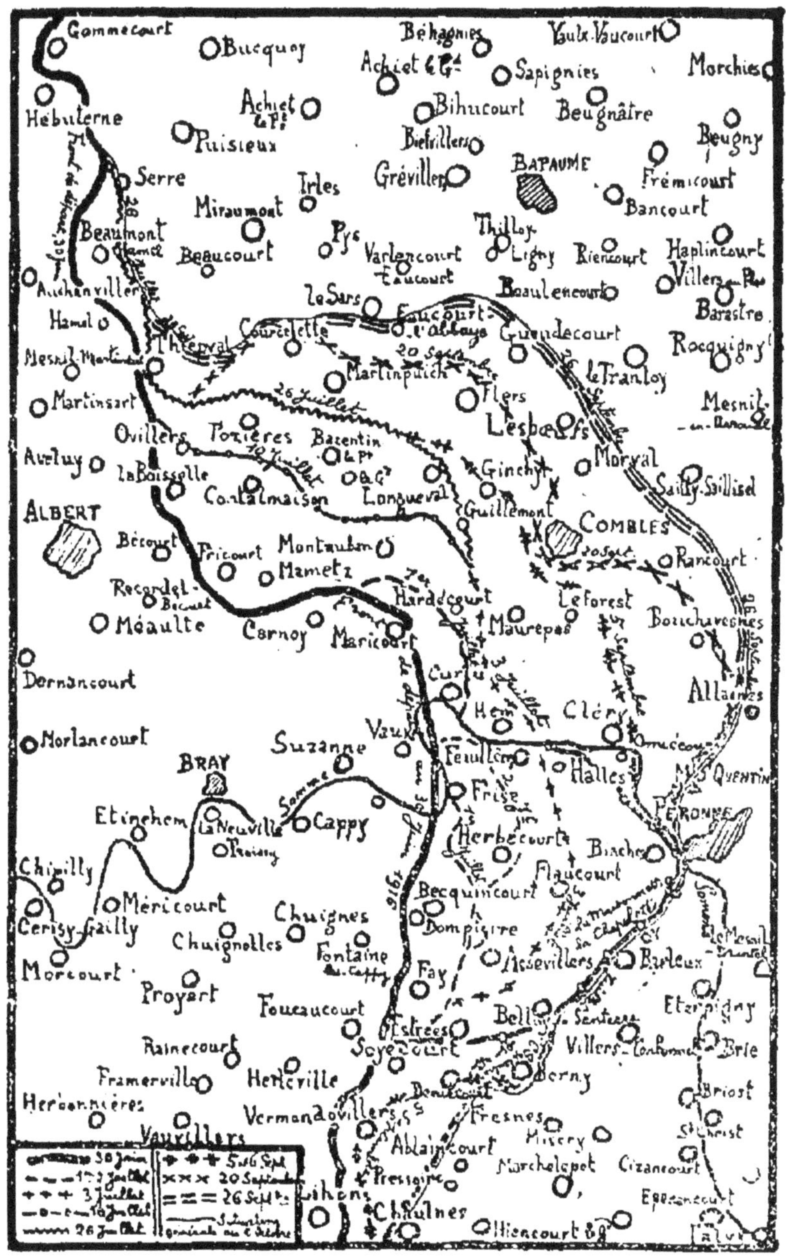

Carte de la Bataille de la Somme.

(de Juillet à Octobre 1916)

de matériel et épargner ainsi ses effectifs. La Russie put organiser près de la Norvège, le port de Kola, le relia à son réseau ferré et, de cette façon, elle put recevoir sans arrêt les munitions que lui envoyaient ses alliés.

L'ANNÉE 1916 : **Verdun et la Somme.** — Résolus d'en finir avec une guerre qui n'avait déjà que trop duré, les deux partis montèrent à tour de rôle de formidables offensives et s'acharnèrent réciproquement à une défensive désespérée qui ne fit que consacrer la stabilité des fronts.

Débarrassée momentanément des forces russes, l'Allemagne monta une furieuse attaque contre la forteresse de Verdun qu'elle proclamait « le cœur de la France. » L'offensive, dirigée par le Kronprinz, fut foudroyante. Après une formidable débauche de tirs d'artillerie, les corps français de première ligne furent tués ou enterrés dans leurs tranchées. L'attaque brusquée du 21 février ne passa que sur des cadavres; notre situation était des plus gravement compromise; mais les armées françaises, stimulées par Castelnau, puis par le maréchal Pétain, réussirent à rétablir rapidement leur front. Ce résultat fut obtenu surtout grâce au rôle, obscur mais décisif, des autos-camions qui purent, par un labeur constant de jour et de nuit, assurer les relèves et les ravitaillements dans une zône où il était impossible d'utiliser les chemins de fer à voie normale.

Dès lors les Allemands s'acharnèrent à faire reculer progressivement notre front par des attaques successives sur la rive gauche et sur la rive droite de la Meuse.

Après une légère accalmie, l'offensive allemande reprenait avec vigueur en mai et en juin; les Allemands atteignaient sur la rive gauche la *cote 304* et le *Mort-Homme* ; sur la rive droite la lutte pour Douaumont prenait des proportions épiques, le fort de Vaux immortalisait le nom du commandant Raynal : mais ces positions finissaient également par succomber.

Pendant que les Français se couvraient de gloire en conservant Verdun, ils montaient par ailleurs, de concert avec les Anglais, une offensive de grande envergure capable d'en imposer aux organisateurs de l'offensive sur Verdun. On croyait la France épuisée ; or elle avait tenu seule le choc sous Verdun et elle répondait aux attaques du Kronprinz par les furieux *combats de la Somme.* La préparation avait été confiée au maréchal Foch, opérant alors sous les ordres de Joffre : la bataille se signala par un emploi méthodique et intensif de l'artillerie lourde et par le principe de la lutte jusqu'à épuisement des munitions. L'attaque eut lieu en direction de Péronne ; en juillet, les Français prenaient Curlu et Biaches, les Anglais s'installaient à Fricourt et à Contalmaison. En août, Bouchavesnes, Chaulnes, *Combles* et Thiepval étaient enlevés : les Anglais faisaient pour la première fois l'essai de leurs tanks. En octobre, c'était la prise de Sailly-Saillisel, et en novembre celle de Pressoire-Ablaincourt. Cette lutte sauvage épuisa les deux partis, obligés de se battre dans la boue des entonnoirs où on s'enlisait parfois pour n'en plus sortir : la campagne, labourée par l'artillerie, prit l'aspect d'un paysage lunaire. L'aviation se multipliait, rendant très pénible la vie à l'arrière, faisant sauter les dépôts de munitions, bombardant les convois. L'étreinte fut rude ; mais malgré les efforts franco-britanniques qui purent s'imposer souvent victorieusement à ceux des adversaires, le front allemand n'avait pas été percé.

Par contre l'armée de Verdun montait une violente contre-offensive ; et la digne conclusion des victoires de la Somme fut la reprise aux Allemands des forts de Douaumont et de Vaux et le rétablissement de l'ancien front français sur la rive droite de la Meuse (octobre-novembre).

L'unité de front. — On commençait à sentir de plus en plus, chez les alliés, le besoin de coordonner davantage encore les efforts ; on adopta alors l'idée de transformer tous les fronts en un front unique dont les intérêts seraient rendus strictement solidaires.

Pendant que se déroulaient les rudes événements de la Somme et de Verdun, le front oriental se rétablissait ; Broussilof, dans une offensive brillante, perçait le front autrichien en juin et progressait rapidement vers Lemberg et les Carpathes, recueillant 360.000 prisonniers. — Sur le front italien, le général Cadorna prenait Gorizia en août et réalisait de sensibles progrès sur le Carso de septembre à octobre. — En Macédoine, le général Sarrail enrayait en juillet une violente

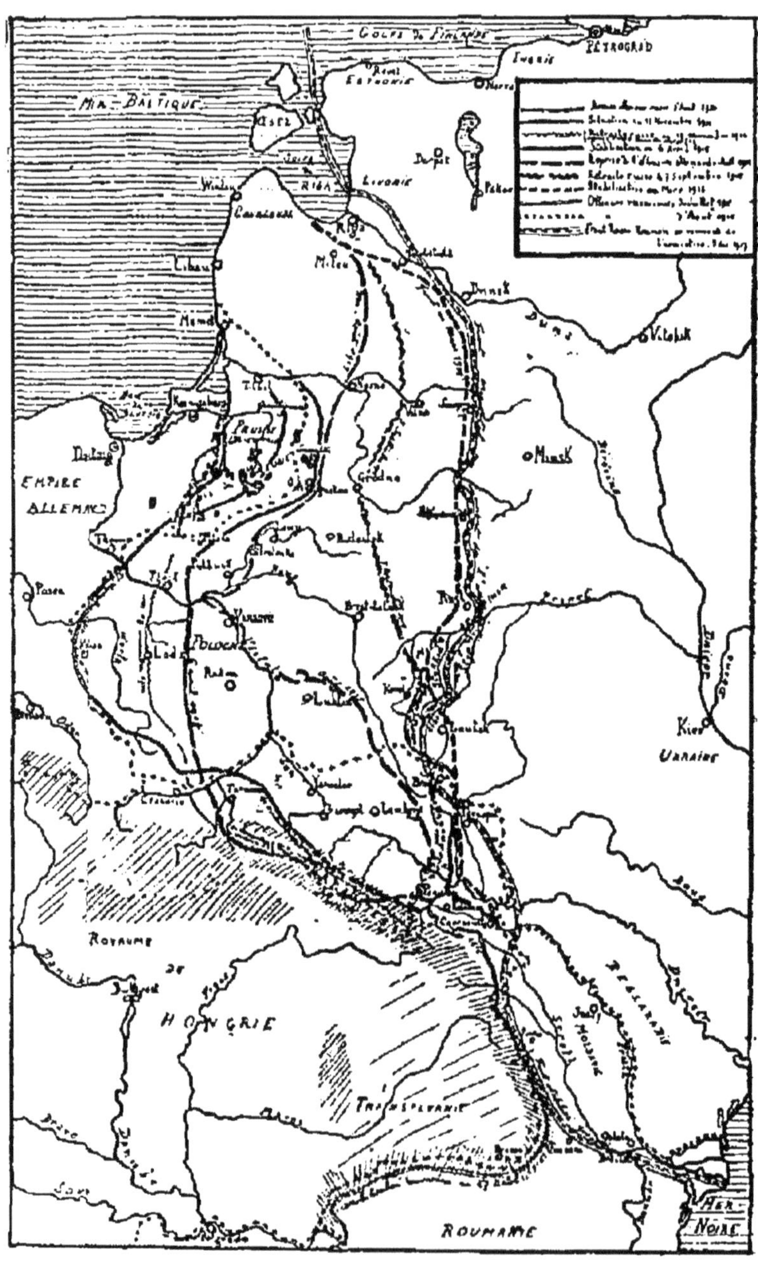

Carte du Front Oriental

offensive bulgare ; puis, allant de l'avant, il remportait d'importants succès sur le Vardar et reprenait Florina et Monastir (novembre) : les contingents serbes reposés et remis sur pied avaient pu prendre part à la reconquête de leur pays.

L'intervention roumaine : son échec — La Roumanie, cédant aux instances réitérées de la Russie, avait déclaré la guerre à l'Autriche-Hongrie le 28 août 1916. Après une brillante offensive en Transylvanie, elle subit une foudroyante attaque en tenaille montée par Hindenbourg ; Falkenhayn, opérant par l'ouest, et Mackensen, par le sud, parviennent à s'emparer de Bucarest ; le gouvernement roumain se retire et s'installe à Jassy. L'armée roumaine parvient péniblement à stabiliser son front sur le Sereth et est réorganisée par la mission française du général Berthelot. Malgré les destructions systématiques faites par les Roumains dans leur pays envahi, l'Allemagne trouva en Roumanie de grandes réserves de blé et de pétrole, dont elle avait grand besoin par suite de la rigueur du blocus maritime exercé par les alliés.

La lutte sur mer et dans le Proche-Orient. — Le grand duc Nicolas mena une belle campagne en Arménie turque et s'empara d'Erzeroum et de Trébizonde. En Palestine, les Turcs étaient délogés d'El Arish et, continuant sa progression, le général Allenby prenait Gaza, Jaffa et entrait à Jérusalem. Entre temps, l'Arabie s'était érigée en royaume indépendant de la Turquie et venait renforcer les contingents anglo-français de Palestine. La flotte allemande, après avoir amorcé la *bataille du Jutland*, avait rapidement rétrogradé jusqu'à Kiel. — Malheureusement, du côté de Bagdad, le général Towshend dut capituler à Kut-el-Amara, après un siège héroïque de 143 jours.

Nivelle, généralissime. — En France, l'opinion publique commençait à se plaindre de la lenteur des opérations : à l'arrière, le général Joffre paraissait trop circonspect ; à l'avant, les troupes l'aimaient à cause de l'économie systématique qu'il faisait des effectifs, et on l'appelait couramment le *petit père Joffre*. On lui donna le grade de maréchal pour sa victoire de la Marne, et on le remplaça par le général Nivelle qui devint généralissime des forces françaises.

L'ANNÉE 1917 : **l'année angoissante.** — Sur le front occidental, les alliés avaient monté pour le printemps une formidable offensive, lorsqu'ils se trouvèrent tout à coup en face de positions abandonnées par l'ennemi. Les Allemands en effet, pour se rendre disponible une masse de manœuvre puissante, venaient de battre en retraite, sans avoir éveillé l'attention, et rétrécissaient ainsi leur front, en venant occuper une puissante ligne offensive construite à l'avance : c'était la *ligne Hindenbourg*, dont les immenses réseaux atteignaient à certains endroits près de 400 mètres de profondeur.

Cette retraite rendit confiance aux alliés, et ils se promirent de percer quand même cette nouvelle ligne de défense qu'ils n'avaient pu franchir du premier bond. De plus, on sentait le besoin d'en finir au plus vite avec cet ennemi malfaisant qui, dans sa retraite, avait tout saccagé, n'épargnant guère que les villes, mais rasant complètement tous les villages et sciant jusqu'aux arbres fruitiers. Les attaques d'avril et de mai furent engagées avec trop de précipitation ; les Anglais luttèrent comme des forcenés à Liévin et surtout à Vimy. De son côté l'offensive française, montée par le général Nivelle sur Craonne, le Chemin des Dames et les Monts de Champagne, réalisait d'abord une avance assez importante mais lorsqu'elle fut parvenue devant d'autres lignes de défense allemandes, qui ne pouvaient être enlevées que par le sacrifice d'un grand nombre de vies humaines, elle s'arrêta sur un ordre venu du ministre de la guerre.

L'ennemi profita de cette circonstance pour lancer dans nos rangs une violente propagande de démoralisation qui aboutit à de navrantes mutineries, en petit nombre toutefois ; on réclamait alors la paix à tout prix : la répression fut énergique, mais l'effet produit n'en resta pas moins des plus regrettables. Le général Nivelle était remplacé par le général Pétain à la tête des forces françaises.

Petain, généralissime. — Au mois d'août, l'offensive était reprise dans de meilleures conditions : les Anglais prenaient Langemark et Poëlcapelle. Sur la rive gauche de la Meuse, les Français rétablissaient leur ancien front en reprenant le

Mort-Homme et la Cote 304. Les Allemands étaient de plus refoulés sur l'Ailette (batailles de Malmaison). Puis les Anglais attaquaient audacieusement, par surprise, sur Cambrai, et pénétraient momentanément dans la ville avec des tanks. Mais l'ennemi ne cessa de contre-attaquer avec énergie sur tout l'ensemble de nos gains. Devant une tâche aussi rude, le « poilu » se demandait avec angoisse si on pourrait jamais « les avoir ». Cependant, sans le proclamer tout de même trop haut, surtout pendant ses permissions à l'arrière où l'on se montrait plus impatienté que celui qui faisait tout le travail, il songeait en son cœur : « On les aura ».

La guerre sous-marine et les Etats-Unis. — L'Allemagne avait déjà commis sur mer de véritables actes de piraterie. Les règlements internationaux permettaient bien à tout navire de guerre d'arrêter un navire marchand ennemi et même de le couler, mais seulement après s'être assuré de la vie de tous les passagers, soit en les faisant passer sur son bord, soit en leur ménageant le moyen de regagner le port le plus proche. Or les marins allemands reçurent l'ordre de torpiller sans avertissement les navires marchands ; le torpillage du paquebot *Le Lusitania* (7 mai 1915) avait coûté la vie à une foule d'enfants et de femmes, sans que le navire allemand se souciât d'organiser les secours.

Poussée par la famine que lui occasionnait le blocus, l'Allemagne songea à couper les alliés de tout ravitaillement. Elle construisit à la hâte une foule de sous-marins qui pullulèrent bientôt dans toutes les mers européennes, coulant sans merci tous les navires ennemis, quand ils ne se permettaient pas de couler en plus à coups de canon les malheureux survivants qui se sauvaient sur les chaloupes de sauvetage. Le tonnage des alliés diminua avec une rapidité effrayante. Il fallut armer les navires marchands et convoyer méticuleusement tous les transports. Même des navires neutres furent coulés ; les Etats-Unis d'Amérique s'en émurent. La désinvolture avec laquelle s'exerçait l'espionnage allemand les avait déjà très indisposés contre les centraux qui organisaient en Amérique un service de renseignements permettant de couler les navires américains « sans laisser de traces ». Les demandes d'explications qui avaient été présentées à l'Allemagne par la voie diplomatique furent cyniquement repoussées. Le président Wilson lança alors son pays dans la guerre en « s'associant » aux alliés de l'Entente (6 avril).

Malheureusement, les Etats-Unis étaient loin d'avoir une armée suffisante pour que leur entrée en campagne fût immédiatement efficace. Mais ils envoyèrent des vivres et du matériel de guerre dont l'Entente avait un besoin urgent. De plus, la confiance que leur donnait le puissant outillage américain et l'ardeur avec laquelle les nouveaux venus se promettaient de faire la guerre, apportèrent aux soldats alliés une puissance de réconfort moral dont on allait avoir besoin pour n'être pas abattu par les terribles déceptions et cataclysmes qui allaient bientôt s'accumuler contre l'Entente.

La débâcle russe. La menace de débâcle italienne. — En Russie, le gouvernement tsariste excitait de plus en plus la défiance de l'opinion publique ; on accusait couramment le parti de l'impératrice d'être inféodé à l'Allemagne et de se laisser aller à des excès regrettables sous l'influence mystérieuse et néfaste d'un faux-moine Raspoutine. La révolution éclata et le tsar ne put s'en rendre maître : elle dégénéra bientôt en un commencement d'anarchie que les partis modérés ne purent enrayer. L'ambassadeur de France, Michel Paléologue, essaya de sauvegarder l'alliance ; mais la populace russe voulait la paix. Le pouvoir passa à Kérensky qui, après la mission du socialiste français Albert Thomas auprès du « Soviet » russe, se décida à faire continuer les opérations.

L'armée russe menaçait alors de se désagréger complètement sous la propagande dissolvante de la révolution et sous la rude pression des offensives ennemies, notamment sur le Stockod. Broussilof fut nommé généralissime et remporta les victoires de Brzezany et de Halicz (juillet). Mais les Autrichiens contre-attaquèrent victorieusement et reprenaient la Galicie ; les Allemands prenaient Riga (septembre), puis toute la Livonie (octobre).

Les bolcheviks (communistes) finissaient par s'emparer du pouvoir le 7 novembre ; Lénine et Trotsky renversaient le gouvernement patriote de Kérensky et signaient un armistice avec les centraux le 3 décembre 1917.

Sur le front italien, le général Cadorna avait d'abord réalisé d'assez brillants progrès sur le Carso, quand les Allemands, prenant en mains la direction du front autrichien, infligèrent aux troupes italiennes l'effroyable désastre de Caporetto. L'armée italienne, un moment démoralisée, réclamait la paix et ne pouvait être ralliée que derrière la Piave. Le général Foch, envoyé sur place pour inspecter la situation, décida de faire arriver immédiatement des renforts franco-anglais : le front italien fut reformé et la valeur offensive de l'armée remise en main s'affirma bientôt par la prise du Mont-Tomba (janvier 1918).

HIVER 1917-1918. — **La gravité de la situation ; paix de Brest Litowsk et de Bucarest.** — La situation devenant de plus en plus inquiétante, les alliés se décident à créer un *Comité de guerre interallié* pour coordonner davantage les efforts ; on décide de mettre en commun toutes les ressources en hommes et en matériel et d'intensifier au maximum le rendement des usines de guerre. Les nouvelles d'Orient étaient bonnes ; en Mésopotamie, le général Maude avait repris Kut-el-Amara et était entré à Bagdad le 11 mars. Mais les alliés subissaient dès la fin de l'hiver 1917-1918 deux grosses déceptions : la Russie et la Roumanie concluaient une paix séparée !

A Brest-Litowsk, la Russie signait le 3 mars un traité désastreux pour nous : démobilisation immédiate de l'armée russe, évacuation de la Pologne, de la Lithuanie, de la Courlande (provinces baltes), reconnaissance de l'indépendance finlandaise et ukrainienne, restitution à la Turquie des conquêtes d'Arménie : tel était le bilan de la trahison révolutionnaire russe.

L'Allemagne ne trouva pas ces conditions suffisantes ; car, plus tard, le 27 août, elle se faisait consentir une indemnité de 5 milliards de roubles, le droit de pénétration vers l'Orient, l'évacuation de la Caucasie et l'obligation de chasser par la force les contingents alliés restés en Russie, notamment à Arkangelsk, où les alliés réembarquaient au plus vite les stocks qu'ils y avaient accumulés pour le front russe.

Lâchée définitivement par la Russie, la Roumanie dut se résoudre, la mort dans l'âme, à demander la paix. Le 5 mars,

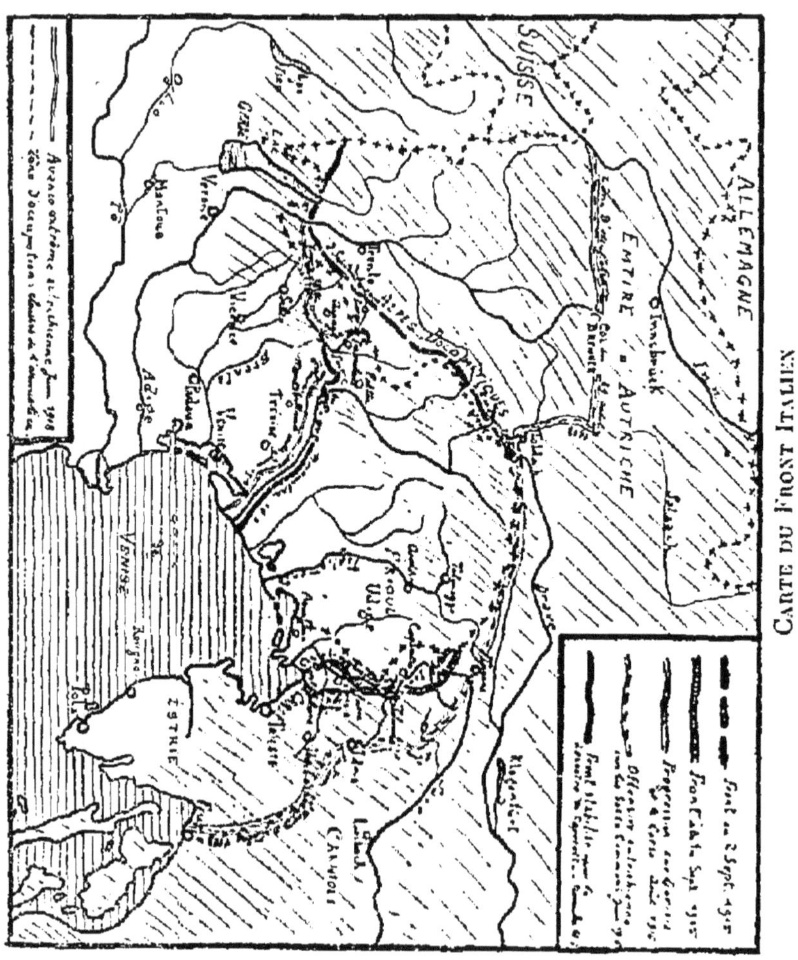

CARTE DU FRONT ITALIEN

les Roumains signaient avec l'ennemi la *paix de Bucarest*. La Dobroudja était cédée à la Bulgarie ; les centraux obtenaient la libre circulation vers Odessa. Les missions de l'Entente devaient être immédiatement renvoyées. L'Allemagne se faisait reconnaître le droit d'exercer en Roumanie le monopole des blés et du pétrole (1).

Malgré ces graves événements, le moral français ne fut pas ébranlé ; d'ailleurs les premiers contingents américains débarquaient en France et mettaient à s'instruire des leçons de la guerre, une bonne volonté qui permettait les plus légitimes espérances.

Les prisonniers. Les pays envahis. — Pendant toute la durée de cette longue guerre d'usure, les Allemands commirent de multiples actes contraires au droit des gens.

Ils recoururent systématiquement au procédé de l'*intimidation*, employant leurs zeppelins, puis leurs grands avions de bombardement (les Gothas) pour bombarder des villes comme Londres et Paris, massacrant inutilement des populations non combattantes. Les cyniques méfaits de la guerre sous-marine ne firent que se multiplier. Les prisonniers eux-mêmes durent subir les conséquences de la tendance des Allemands à être des tortionnaires : en plus des supplices nombreux et variés, inventés comme châtiments, ils imaginèrent des camps de représailles où s'aggravaient les souffrances de nos prisonniers, quand ces souffrances n'aboutissaient pas pour eux à d'atroces agonies.

Dans les pays envahis, ils emportèrent des usines le matériel dont ils avaient besoin ; ils allèrent jusqu'à faire renaître l'esclavage, enlevant les enfants et les jeunes filles pour les envoyer travailler de force loin de leurs parents (les rapts de Lille).

Les Neutres, surtout le Pape et le Roi d'Espagne, ainsi que la Croix-Rouge internationale, s'employèrent de leur mieux à faire atténuer ces souffrances ; ils obtinrent que les grands blessés prisonniers fussent soignés en Suisse ; des renseignements sur les prisonniers purent être obtenus pour

(1) Les clauses de ces deux traités deviendront lettre morte à la suite de la signature du traité de Versailles.

les familles dans l'angoisse. Mais, dans l'ensemble, rien ne détourna l'Allemagne de sa volonté d'intimider ses ennemis par tous les moyens possibles, même inavouables et trop souvent inavoués.

III

LA REPRISE DES OFFENSIVES DE GRAND STYLE

de mars à novembre 1918

Débarrassé de tous ses ennemis orientaux, le Kaiser confia à Ludendorf la mission de rompre en toute hâte le front français avant l'entrée en scène de la puissante armée américaine. Tout fut mis en œuvre pour la réussite rapide de cette *fin de la guerre*. On décida d'écraser les lignes défensives françaises par des tirs combinés d'artillerie lourde, d'artillerie de campagne et d'artillerie de tranchée (Minenwerfer), et de faire un usage constant des gaz asphyxiants (l'ypérite) ; on arriva à réduire les tirs de préparation offensive à quelques heures (généralement ils s'exécutaient de minuit à quatre heures du matin) : cette rapidité de destruction, jointe à l'efficacité réelle des tirs, devait avoir rapidement raison de la ténacité française et rouvrir infailliblement la route vers Paris.

Les cinq colossales offensives de Ludendorf. La bataille de France. L'unité de commandement. — Pendant cinq longs mois l'effort allemand fut contenu sans défaillance, souvent par les seules troupes françaises ; chaque mois, le généralissime allemand se heurtait à des victoires sans succès exploitable. Des deux côtés, on sentait que celui qui tiendrait « le dernier quart d'heure » aurait la victoire ; attaques et contre-attaques firent rage, malgré les ravages que produisait depuis longtemps à l'avant comme à l'arrière une maladie nouvelle que les poilus appelèrent, on ne sait pourquoi, la *grippe espagnole*.

Le 21 mars, depuis la Sambre jusqu'à l'Oise, se déclenchait la bataille de Picardie ; l'offensive fut foudroyante sur la soudure des fronts français et anglais : le but visé était de rabattre les Anglais sur leur base du nord, de rejeter les Français sur le sud, et de gagner alors Paris, par Amiens. Tout fut mis en œuvre pour terroriser les alliés ; Paris subit le sensationnel bombardement des Berthas en plus des visites nocturnes des Gothas, dont les bombes faisaient effondrer des maisons de 6 étages. L'armée anglaise, surprise par la violence du choc, fut mise hors de combat et la brèche de Bapaume s'ouvrit béante à la progression de l'ennemi.

Devant la gravité de la situation, le ministre français Clémenceau s'employa à obtenir enfin la nomination d'un généralissime auquel obéiraient sans restriction toutes les armées alliées ; les répugnances des amours-propres nationaux cédèrent devant le danger, et on s'entendit pour établir *l'unité de commandement* ; le maréchal Foch fut désigné pour cette mission suprême, si délicate en pareille circonstance. Grâce à cette heureuse détermination, Ludendorff trouva désormais à qui parler.

L'armée française lança toutes ses réserves disponibles en prolongeant son aile gauche jusqu'à ce qu'elle eût rejoint l'aile droite anglaise, qui semblait inexistante. Malgré les surprises inévitables qui firent tomber des trains de troupes et des convois automobiles aux mains de l'ennemi dont on avait perdu le contact, le front se rétablit ; mais nous avions perdu Montdidier ; plus au sud, les Français se maintinrent sur le Plémont (près de Lassigny) et sur le Mont-Renaud (auprès de Noyon). Au sud de l'Oise, l'avance ennemie ne fut nettement enrayée que lorsque l'armée française eut réoccupé les lignes défensives qu'elle avait quittées en 1916. En définitive, après deux mois environ de lutte incessante, malgré la mise en ligne de toute l'armée allemande de l'ancien front russe et roumain, malgré l'absence de l'armée américaine et un commencement de débâcle anglaise, Amiens n'était même pas pris ; Ludendorf n'avait pas réellement *percé* : ce n'était pas la *décision* rêvée. Tel fut le sort de cette bataille que les Allemands avaient appelée à l'avance la « Bataille de l'Empereur » (Kaiserschlacht).

Dès avril, Ludendorf remit à exécution l'ancien plan offensif de la « course à la mer » pour atteindre Dunkerque et

Calais. La petite armée portugaise qui avait subi le plus lourd de l'attaque fut anéantie à Givenchy ; Armentières succombait. Des renforts français, envoyés en hâte, ne purent empêcher la chute du Mont Kemmel ; le front finit cependant par se stabiliser. Ludendorf s'était couvert de gloire ; mais il lui fallait se hâter pour chercher le vrai chemin de Paris. Cette *bataille de la Lys* ne le lui avait pas ouvert.

En mai, les attaques allemandes s'en prirent au front français : Ludendorf engagea la bataille du *Chemin des Dames* ; son but était de percer le front en direction du sud et de faire ensuite une conversion sur Paris. La ligne française affaiblie par les renforts envoyés vers le nord est enfoncée ; la ruée allemande submerge tout le Soissonnais ; Château-Thierry est perdu pour nous. Ce n'est qu'au prix d'efforts désespérés que les troupes françaises purent reconstituer leur front. Par ailleurs, les deux pivots extrêmes de la bataille, le réduit Compiègne-Villers-Cotterets et la place de Reims étaient restés inébranlables ; et Ludendorf dut lâcher prise.

Cela ne satisfaisait pas la hâte allemande : dès juin, se déclenchait la *Bataille pour Compiègne*. Le massif de Lassigny, malgré une résistance héroïque, dut être abandonné par les troupes françaises. La retraite s'effectuait hâtivement sur Compiègne, quand une énergique contre-attaque permit de refouler l'ennemi et de le maintenir au nord de la ville. Plus au sud, vers Villers-Cotterets, l'attaque allemande n'avait réalisé que quelques progrès locaux insignifiants.

Ludendorf voulut en finir par un coup de théâtre ; il monta une offensive plus terrifiante encore que les premières : il l'appela « *l'assaut pour la paix* » (Friedenssturm). Le 15 juillet, le lendemain même de notre fête nationale, se déclenchait une attaque formidable sur un front de 90 kilomètres, depuis Château-Thierry jusqu'à l'Argonne. Le but était de « boucler » Reims et Verdun en les contournant par le sud. Mais, en Champagne, le général Gouraud avait imposé à ses troupes une tactique défensive nouvelle : contrairement aux principes formels des règlements, il fit évacuer précipitamment tout son front et le fixa à deux kilomètres en arrière de la première ligne sur des positions préparées à l'avance :

par surcroît de précaution, tous les abris de première ligne avaient été « ypérités ». Les tirs de préparation offensive des Allemands broyèrent des positions abandonnées, occupées seulement par quelques mitrailleurs. Les tirs de barrage français surprirent l'ennemi à découvert sur un terrain qu'il avait anéanti lui-même ; quand il y découvrit des abris, il y trouva les gaz mortels de l'ypérite. En quelques minutes, toute l'attaque du front de Champagne avait durement échoué.

Par contre, du côté de Reims, l'attaque allemande progressait ; la montagne de Reims (rive droite de la Marne) faillit être enlevée. Les attaques furent effroyables dans les bois de Courton ; la Marne fut atteinte sur un front de 15 km ; l'ennemi franchit même le fleuve, coupant l'importante voie ferrée Paris-Nancy qui servait de « rocade » pour toute la partie sud du front français. L'attaque allemande progressait en direction de Montmirail, quand l'entrée en scène des effectifs américains spontanément offerts à Foch par le général Pershing permit de refouler les Allemands jusqu'à la Marne (deuxième bataille de la Marne).

Les déboires allemands. — Profitant de l'imprudence de l'Etat-major allemand, engagé dans la hernie de Château-Thierry face au S.-E., Foch chargeait le général Mangin d'attaquer cette même hernie par l'ouest, au nord de la Marne. Si Gouraud avait trouvé la formule du problème défensif, Mangin eut la gloire de réussir la solution du problème offensif par l'emploi intensif de tanks légers, sortes de croiseurs-cuirassés évoluant sur terre, terrorisant l'ennemi par leurs tirs de mitrailleuses et de canons de 37 et écrasant rapidement réseaux, tranchées et abris de mitrailleuses. L'effet démoralisateur fut souverain : les Allemands évacuèrent en hâte la hernie de Château-Thierry où ils durent abandonner l'immense matériel qu'ils y avaient accumulé ; l'offensive allemande frappée dans le dos avait encore une fois lâché prise.

Les Américains, ayant relevé en partie les troupes françaises sur la rive droite de la Meuse, réussissaient leur première grande offensive en réduisant la *hernie de Saint-Mihiel*, qui avait défié toutes nos attaques depuis la fin de l'année 1914.

Une autre pénible déconvenue désorienta la ténacité allemande : la guerre sous-marine faisait lourdement faillite. Non seulement les sous-marins avaient été impuissants à empêcher le transport de l'armée américaine, mais, de plus, grâce à un repérage très précis fait par le son, tous les sous-marins ennemis à l'affût furent découverts, poursuivis, et coulés pour la plupart par des bombes-grenades explosant sous l'eau.

La libération des pays envahis. — Le maréchal Foch profita du désarroi allemand pour monter en septembre plusieurs offensives décisives.

L'armée américaine, en liaison avec l'armée française, attaqua sur le front Aisne-Champagne-Argonne-R. G. Meuse. Berry-au-Bac, Vouziers, Grand-Pré, Montfaucon furent enlevés. L'armée anglaise attaquait au nord et au sud de Cambrai, enlevait la ville et prenait Saint-Quentin. L'armée française attaquait le saillant que faisait le front allemand en direction de Paris. Le Chemin-des-Dames, la Fère, Saint-Gobain et Laon furent emportés de haute lutte. La fameuse ligne Hindenbourg était franchie en trois endroits.

Les Allemands avaient déjà construit d'autres systèmes défensifs aussi puissants ; mais la démoralisation ennemie commençait à se manifester. La résistance sur les positions de repli ne semblait pas devoir s'annoncer comme irréductible. Le maréchal Foch lança alors une offensive générale qui devait affranchir les régions envahies, séparées de la mère-patrie depuis 1914. La libération de la Belgique fut confiée au roi Albert Ier ; en octobre, les armées belge et anglaise attaquaient depuis Dixmude jusqu'à Armentières, enlevaient Ostende et Bruges, dégageaient Lille, Roubaix, Tourcoing et Denain. L'armée française attaquait le centre allemand et réduisait le Cambrésis et surtout la région du Porcien, défendue par la position Hunding : puis notre progression atteignait rapidement Mézières.

Devant l'impétuosité de ces offensives, l'ennemi esquissait une retraite générale : il put se soustraire rapidement à la convergence des attaques américaines venues du sud et ayant atteint Bazeilles et Sedan. La ligne Gand, Mons, Rocroi, e cours de la Meuse, était atteinte, une offensive franco-américaine était prête à se déclencher sur Metz, quand l'État-major allemand vint solliciter l'armistice.

L'armistice de Rethondes (11 novembre 1918). — Pendant qu'elles effectuaient leur retraite, les armées allemandes s'acharnèrent, dans leur rage de bête malfaisante, à détruire systématiquement tout ce qui faisait la richesse des pays qu'elles abandonnaient.

L'État-major allemand procéda en hâte au déménagement de toutes les usines dont le matériel fut emporté en Allemagne ; les bâtiments furent détruits de fond en comble. Les mines dont l'exploitation faisait vivre les populations du Nord furent impitoyablement noyées et mises hors de service pour de longues années. Enfin partout furent disséminées des mines à retardement qui causèrent sournoisement la mort de trop de soldats : plusieurs même éclataient encore après l'armistice. La défaite ne faisait donc qu'aggraver la honte de pareils crimes.

L'armistice avait déjà été demandé dès le 4 octobre à Washington ; mais il ne fut signé que le 11 novembre 1918 en gare de Rethondes (Oise) (1). Le même jour, cédant aux menaces socialistes et surtout à la désorganisation complète de son armée devenue indisciplinée, le Kaiser abdiquait et se réfugiait en Hollande avec le Kronprinz. Les autres princes des familles régnant en Allemagne durent également abdiquer et furent chassés par la révolution de leurs sujets. La République allemande fut aussitôt proclamée et se hâta d'accepter les dures conditions de l'armistice.

Il était accordé pour une durée de 36 jours, mais renouvelable à la volonté des partis. Il comportait des clauses militaires et des clauses navales.

Sur terre, les troupes allemandes devaient battre en retraite au-delà du Rhin : les armées alliées devaient se porter jusque sur la rive gauche de ce fleuve. Des têtes de ponts de 30 kilomètres de rayon seraient occupées sur la rive droite à hauteur de Cologne, de Coblentz et de Mayence. Sur tout le pourtour de cette occupation en pays

(1) Le ministre Erzberger, député du centre, qui le signa, fut plus tard assassiné.

étranger, une bande de 10 kilomètres de largeur serait neutralisée pour éviter tout contact avec les armées ennemies. On prévoyait en outre une livraison considérable d'armes, d'avions, de locomotives, de wagons, etc... ; aucun groupe aérien ennemi n'avait le droit d'effectuer des vols. Les prisonniers alliés devaient être restitués, sans réciprocité.

Sur mer, les clauses étaient encore plus dures et plus radicales. Tous les sous-marins allemands devaient être livrés aux alliés ; les plus belles unités de la flotte allemande devaient être également abandonnées aux vainqueurs. Les fortifications des côtes seraient surveillées et immédiatement démantelées.

Tous les navires de commerce alliés pris devaient être relâchés ; les navires de guerre alliés avaient le droit absolu de circulation sur toutes les mers allemandes ; enfin, et surtout, le blocus était rigoureusement maintenu.

Les succès en Orient. — Pendant que se développaient nos succès sur le front occidental, la même débâcle disloquait le front ennemi en Orient. La Grèce, grâce à l'abdication forcée du roi Constantin, suivait la politique de Venizelos et se ralliait à l'Entente. Partant du front Valona (rive de l'Adriatique)-Cavala (sur la mer Egée) soit sur 350 kilomètres de développement, les troupes alliées faisaient céder les troupes austro-bulgaro-turques. Le 15 septembre un succès local des Franco-Serbes au N. E. de Monastir déclencha l'offensive générale des contingents alliés. Le généralissime Franchet d'Esperey, successeur heureux de Guillaumat, rappelé trop tôt pour jouir de la victoire, progressait de 100 kilomètres en 10 jours ; la Bulgarie était envahie et Stroumitza occupée quand le gouvernement bulgare sollicita l'armistice qui lui fut concédé le 29 septembre.

Continuant la poursuite des Autrichiens, l'armée alliée libérait toute la Serbie ; le 1er novembre, Belgrade était reprise. L'armée de Salonique venait de remporter la brillante *victoire des Balkans* et avait isolé ainsi la Turquie de toute communication avec les Centraux.

En Palestine, l'armée ottomane était cernée par le général Allenby (18-21 sept.) ; la Syrie fut aussitôt envahie : Damas et Beyrouth succombaient (7 octobre). Absolument affolé, le

CARTE DU FRONT DE MACÉDOINE

gouvernement turc capitulait sans conditions (31 octobre). Les armées alliées occupèrent Constantinople et les Détroits et circulèrent dans toute la mer Noire, occupant militairement tous les points importants du territoire turc et exerçant une surveillance rigoureuse sur toutes les voies ferrées.

Restait l'Autriche déjà atteinte sur sa frontière serbe ; elle eut, de plus, à soutenir le choc de l'offensive italienne, montée par le général Diaz. Au mont Grappa, puis sur la Piave, enfin aux Sette Communi, l'armée autrichienne débordée dut battre en retraite.

Passant à l'offensive générale, Diaz occupait les zones *irredente* de Trente et de Trieste, parachevant ainsi l'œuvre de l'unité italienne restée stagnante depuis 1870.

L'Italie accorda à l'Autriche désemparée l'armistice du 3 novembre : elle occupait la zone autrichienne depuis le col du Brenner jusqu'à la Drave ; la flotte autrichienne était désarmée, toute la côte dalmate avec les ports de guerre était occupée ; l'Autriche devait livrer un certain nombre de canons, de sous-marins et de cuirassés. Enfin elle était mise dans l'obligation de rappeler tous ses effectifs qui opéraient encore sur le front français.

L'armistice allemand du 11 novembre survenant après toutes les défaillances de nos autres ennemis, marquait donc le couronnement magnifique de cette victoire des alliés, inlassablement poursuivie pendant plus de quatre années d'une guerre sauvage, rude et exténuante, qui avait coûté la vie à plus de 7 millions d'hommes (France : près de 2 millions) et entraîné pour 1000 milliards de dépenses.

Tel était le bilan des efforts fournis par les alliés pour parvenir à terrasser le colosse germanique : le monde allait pouvoir espérer enfin en une paix de justice dont tous avaient tant besoin.

Conclusion : les leçons de la guerre. — La France d'autrefois, humiliée par ses revers de 1870, paraissait désormais resplendissante de sa victoire. Son succès était l'heureuse conséquence d'un labeur préparatoire de 44 ans. Avec une ardeur qui ne s'était jamais démentie, les officiers avaient tenu à mettre l'armée française au niveau de celle de sa trop puissante voisine. Les effectifs étant moins nombreux, par suite de la faible natalité française, il fallait être supérieur par l'efficacité des méthodes.

La création de l'Ecole de Guerre fut pour l'armée de terre l'invention la plus féconde en résultats ; une pléiade d'officiers, recrutés par le concours, se mit à l'étude des guerres du temps passé ; petit à petit, on constata que l'épopée napoléonienne était la meilleure école de stratégie pratique ; et d'ailleurs l'étranger, Allemagne comprise, se rallia à notre thèse dès le temps de paix. L'observation méticuleuse et technique des grandes guerres contemporaines permit de perfectionner la valeur militaire des officiers sortis de cette Ecole de Guerre dont le maréchal Foch avait été un des plus célèbres professeurs de tactique.

Mais il faut rendre justice aussi à l'ensemble de cette immense armée française qui s'était prêtée, en maugréant quelquefois, à ces années de service militaire, à ces grandes manœuvres dont le but réel était d'exercer les cadres et les services. La rude formation de la caserne, due surtout au corps des sous-officiers d'une sévérité parfois excessive, l'obéissance souvent passive qui faisait que dès le temps de paix on s'habituait à obéir aux ordres « sans chercher à les comprendre », le maniement du *Lebel*, le développement de la cavalerie, le dur service des garnisons de l'Est, tout cela avait créé chez les futurs « poilus de la grande guerre » cette ambiance de discipline et de confiance qui fait les grandes armées.

Il faut ajouter à cela l'énergie de toute la nation française qui, après une longue campagne d'anti-militarisme et d'âpres luttes politiques intérieures, révélait superbement ses qualités de race en se dressant, dès le 3 août, en une belle *union sacrée*, contre les agacements exaspérants de la politique allemande : le déchet des mobilisables fut alors insignifiant ; la mobilisation et le transport des troupes se réalisèrent au milieu d'une telle ardeur générale que l'on a souvent dit que ce fut notre première victoire.

Mais ce dont il faut nous louer le plus, c'est de la facilité avec laquelle le caractère français sut se plier à toutes les exigences nouvelles, même les plus inattendues. Tout en veillant attentivement à ce que le « système D. » ne dégénérât pas en *système désordre*, l'âme française put, sous le feu même d'un ennemi trop souvent en avance sur notre pays, mettre sur pied une foule d'unités nouvelles telles qu'artillerie lourde, artillerie de tranchée, mitrailleuses, fusils-mitrailleurs, aviation de chasse, de bombardement, de réglage et d'observation, cavalerie à pied, tanks d'assaut, génie, pionniers, bref toute la multiplicité de ces services de l'avant, qui se résumèrent et se groupèrent dans cette remarquable unité tactique que devint la *division d'infanterie*.

Il fallut aussi mettre sur pied tout un service nouveau de *liaisons* : c'est grâce à celui-ci que nos fronts durent d'être maintenus et souvent reconstitués inlassablement et en toute précision, même au moment des phases les plus critiques. Signaleurs de toute sorte (par lanterne, par panneaux, avec les avions, avec les ballons dits *saucisses*, etc.), téléphonistes, équipes de télégraphistes par le sol, sans-filistes, coureurs estafettes à cheval, motocyclistes de liaison, courriers automobiles, tous se firent remarquer par leur activité, obscure sans doute, mais très utile ; il n'est pas jusqu'aux pigeons-voyageurs qu'il serait injuste de ne pas citer dans cette énumération.

Pour subvenir aux besoins en matériel de cette armée si agissante, la nation entière dut se transformer en un vaste arsenal des plus compliqués : tout le monde fut mobilisé à l'arrière comme à l'avant. Pendant ce temps, ceux qui étaient libres de tout service obligatoire, devaient fournir aux travaux des champs et des villes : les vieillards, les femmes et les enfants durent cultiver la terre pour nourrir les absents et les remplacer dans leur travail. Pour réglementer la consommation, il fallut recourir aux cartes de pain, de charbon, de sucre, etc... ; la nation entière s'y prêta. On lui demanda son or : elle le versa à la Banque de France ; on lui demanda sa fortune, elle souscrivit aux Bons de la Défense Nationale et à tous les emprunts. Sans doute, il y eut quelques notes discordantes qui faisaient la joie de l'ennemi ; mais l'immense majorité fit tout son devoir, à l'arrière comme à l'avant. Jamais on n'avait vu toute une nation se dressant ainsi dans un long sursaut d'énergie pour bien terminer une guerre qu'elle sentait être pour elle une question de vie ou de mort. Soyons fiers d'être Français et gloire aux vainqueurs !

CHAPITRE III

LE TRAITÉ DE VERSAILLES

L'Europe après la guerre

SOMMAIRE

Pendant les opérations, des tentatives pour conclure la paix sont faites par le Pape, l'Autriche, l'Allemagne, les Etats-Unis.

Les traités. — La paix de Versailles (28 juin 1919). — Le traité avec l'Allemagne est proposé par les représentants de la France, de l'Angleterre, des Etats-Unis, de l'Italie et du Japon (les Cinq). Malgré des oppositions, l'Allemagne se voit obligée d'accepter les conditions qui lui sont faites. *Clauses territoriales* : L'Allemagne rend à la France l'Alsace-Lorraine. La Belgique cesse d'être un état neutre. La Pologne est reconstituée. — *Clauses militaires* concernant l'armée et la flotte allemandes. — *Clauses pénales* qui visent l'empereur et tous ceux qui se sont rendus coupables de méfaits ou de crimes. — *Clauses économiques.* Création de la *Société des Nations* et du *Bureau international du travail.* — Traités : avec l'Autriche, démembrée en quatre états : République autrichienne, Hongrie, Tchéco-Slovaquie, Yougo-Slavie ; avec la Hongrie, la Bulgarie, la Turquie.

L'application des traités. — Le malaise économique. — Les inégalités du change. — Les Etats vaincus. L'Allemagne fait des difficultés pour remplir ses obligations ; elle en obtient la réduction dans une série de conférences et ne paraît devoir céder que devant la fermeté du gouvernement français. — Elle est d'ailleurs troublée par des mouvements révolutionnaires ouvriers et par des coups d'Etat monarchistes. — Elle cherche à fausser le résultat des plébiscites, et tout en travaillant beaucoup, laisse s'accomplir l'effondrement du mark. — L'Autriche, réduite à une situation anormale, passe par une crise terrible qui menace son existence. — En Hongrie, le gouvernement provisoire est menacé par deux coups d'Etat monarchistes sans résultat. — *Les Etats alliés.* La France, malgré ses difficultés, conserve une bonne situation intérieure. — L'Angleterre voit des soulèvements dans ses colonies, est agitée par la question irlandaise et subit une crise économique. — L'Italie doit également à une crise économique l'opposition des fascistes et des socialistes. — Les Etats-Unis ont aussi des difficultés économiques, cependant n'ayant pas été atteints dans leur richesse, ils cherchent à opérer le désarmement maritime. — *Les Etats nouveaux.* La Pologne doit lutter contre la Russie. — La Tchéco-

Slovaquie et la Yougo-Slavie sont en voie d'organisation. La formation de la Petite Entente répond aux besoins de ces différents états. En Turquie s'est organisé un gouvernement nationaliste indépendant ; Grèce et Turquie sont en guerre. — La Russie soumise au régime des soviets est en pleine anarchie et fait de la propagande révolutionnaire. — En Extrême-Orient s'est constituée une république chinoise.

Les puissances belligérantes se trouvaient enfin libérées du cauchemar de la guerre. Mais il était déjà facile de pressentir qu'on ne pourrait s'entendre sur la paix commune à imposer aux pays vaincus qu'au prix de laborieuses négociations.

Échec des tentatives de paix avant l'armistice. — Durant le conflit, plusieurs fois des essais avaient été tentés pour mettre fin aux hostilités. Pie X était mort dans la douleur de voir l'épouvantable fléau de la guerre désoler l'Europe chrétienne ; son successeur, Benoit XV, partageait les mêmes sentiments : aussi dans des encycliques, dans des allocutions solennelles, ne cessa-t-il d'exprimer son désir du rétablissement de la paix. Dans ce but, il ordonna des prières publiques. Il tenta même une démarche diplomatique. Une lettre invitant les gouvernements à cesser les hostilités et à formuler leurs conditions de paix fût adressée officiellement par la secrétairerie d'État à toutes les chancelleries. Mais cette initiative n'eut pas l'agrément des gouvernements alliés. Sans sortir de la stricte neutralité qui lui était imposée par sa situation même, le Pape sut élever la voix pour condamner les excès, « contraires à l'humanité et au droit international ». Il s'employa surtout activement à diminuer les souffrances, conséquences de la guerre.

De son côté, l'Allemagne n'avait pas attendu son écrasement pour essayer d'obtenir une paix qui lui fût avantageuse. Le 12 décembre 1916, elle faisait des propositions ; mais le chancelier Bethmann Hollweg exigeait, comme base, la reconnaissance aux germaniques de la « carte de guerre » ; cela équivalait à abandonner définitivement les pays conquis. L'Entente riposta en publiant ses *buts de paix* ; elle affirmait le droit des peuples à disposer d'eux-mêmes et la nécessité absolue des réparations pour toutes les ruines accumulées en pays envahis par les Centraux.

Entre temps, l'empereur d'Autriche, Charles Ier, faisait ses offres de paix par une lettre confidentielle que son beau-frère, le prince Sixte de Bourbon, devait remettre au président de la République française (31 mars 1917).

En juin 1917, l'Allemagne émit l'idée d'une Conférence à laquelle seraient conviés les socialistes de toutes les nations. Un Congrès eut bien lieu à Stockholm ; mais les états de l'Entente s'opposèrent à ce que ces délibérations fussent suivies par leurs nationaux ; cette réunion, restée purement officieuse, échoua. En juillet 1917, l'Allemagne offrit la paix sans annexions ni indemnités ; l'Entente avait besoin d'une réparation, elle repoussa ces offres.

Enfin en mai 1918, le nouveau chancelier allemand, von Kühlmann, avait inutilement lancé une formule nouvelle, *la paix de conciliation*. La dernière ressource fut d'accepter les propositions faites par le président Wilson en janvier, février et septembre 1919 et de se rallier aux 14 points de la « paix américaine ». — La défaite avait heureusement réduit à néant les dernières prétentions allemandes.

I

LA PAIX DE VERSAILLES

(LA PAIX DU DROIT)

(28 juin 1919)

Négociations préliminaires. — Les négociations furent dirigées par le premier ministre français Clémenceau, le premier anglais Lloyd Georges, le président Wilson. L'Italie et le Japon s'associèrent à ces conférences si importantes. Le caractère particulier de ces travaux fut le rôle secondaire accordé aux diplomates professionnels, auxquels on substitua volontiers des *experts*. Enfin le 7 mai 1919, les « Cinq » présentaient à l'acceptation allemande les *préliminaires* de paix, vaste volume compact rédigé à la fois en français et en anglais : ils détruisaient systématiquement et définitivement tous les rêves germaniques. Admise à faire entendre des contre-propositions, la délégation allemande se montra si insolente qu'elle n'aboutit qu'à soulever l'indignation des « Cinq ». L'Allemagne fut donc mise dans l'obligation de répondre par une acceptation pure et simple avant le 23 juin. La diète allemande de Weimar, acculée par la date fixée, céda et envoya des plénipotentiaires à Versailles.

Inquiète des intentions de revanche possible de l'Allemagne, la France aurait voulu fixer au Rhin la frontière allemande, le territoire situé sur la rive gauche du fleuve étant non pas annexé, mais neutralisé par un statut international ; telle était, semble-t-il, la meilleure garantie contre une nouvelle invasion. L'Angleterre et l'Amérique s'opposèrent formellement à cette proposition, mais elles nous offraient par contre un *pacte de garantie*, en vertu duquel elles s'engageaient à s'unir à nous « dans le cas d'une agression non provoquée dirigée contre nous par l'Allemagne ». En réalité, la France fut jouée ; le pacte de garantie n'a plus aucune valeur, car si les chambres anglaises l'ont ratifié, il n'en a pas été de même du Sénat américain. Or, d'après les termes du traité, il en résultait que, par le fait même, la ratification anglaise cessait d'agir et tombait. Notre renonciation à la ligne du Rhin n'avait pas de contre-partie.

Le 28 juin 1919, le jour même du cinquième anniversaire de l'attentat de Serajevo, dans cette magnifique galerie des glaces du Palais de Versailles, où en 1871, les Prussiens avaient eu l'impudence de faire proclamer leur roi comme empereur d'Allemagne, fut signé solennellement *le traité de Versailles*. Ce fut une grande humiliation pour l'Allemagne ; aussi le gouvernement allemand avait-il eu quelque peine à trouver des plénipotentiaires qui consentissent à apposer leur signature au bas du traité qui consacrait l'écroulement de leur pays.

Les clauses du traité. A) *Clauses territoriales.* — En principe, on imposait à l'Allemagne la *restitution de toutes les annexions* qu'elle avait faites au détriment des nationalités voisines. Mais, comme les délimitations territoriales, marquant le partage des races, se trouvaient trop souvent difficiles à préciser *à priori*, on devait recourir au *plébiscite* pour prendre une décision avec le plus d'équité possible.

Pour compenser la destruction de ses mines du nord, la France recevait provisoirement les territoires de la Sarre ; l'administration du pays devait être surveillée par la Société des Nations. Comme cette région avait été enlevée à la France en 1814, on donna à la population un délai de 15 ans, à la suite duquel elle pourrait voter par un plébiciste son rattachement à la France. Mais la restitution la plus sensible à tout cœur français fut celle des territoires alsaciens-lorrains *annexés* par l'Allemagne en 1871 : de plus la France n'était pas tenue à prendre à sa charge la quote part de dette allemande pour les pays qu'elle recouvrait ; ce refus était légitime, puisqu'en 1871 l'Allemagne, dans l'orgueil de sa victoire, s'était refusée à alléger alors notre dette pour l'ensemble de ces territoires qu'elle annexait.

La Belgique n'était plus un état neutre en tutelle internationale ; le traité du 19 avril 1839, le trop fameux « chiffon de papier », était annulé. Elle acquérait de plus des zones wallonnes annexées par la Prusse en 1814 à la suite du Congrès de Vienne ; elle récupérait ainsi le Moresnet, avec Eupen et Malmédy.

La Pologne, qui avait été un moment ressuscitée par l'Allemagne, était officiellement reconstituée ; cependant, à cause d'une certaine hostilité de la part des Anglo-Saxons, qui n'aiment pas les Slaves, ce ne fut pas sans difficulté qu'elle recouvra tous les territoires qu'elle possédait lors des trop fameux partages du XVIIIe siècle. On lui accorda un accès à la Baltique, mais on lui enleva son débouché normal par la Vistule et Dantzig. On eut scrupule de couper trop nettement la Prusse en deux tronçons : on donna le port de Memel à la Pologne, mais Dantzig fut déclarée *ville libre*. Sur toutes les frontières contestées, en Prusse Orientale, dans la banlieue de Dantzig, en Haute-Silésie, on imposa à la Pologne l'obligation de se plier aux décisions de multiples plébiscites, qui devaient forcément faire le jeu de l'Allemagne. Les autres puissances limitrophes reçurent aussi des satisfactions : le *Danemark*, bien qu'étant resté neutre pendant toute la durée de la guerre, recevait le Sleswig, dont la frontière méridionale serait fixée après plébiscite. Le *Luxembourg* était également dégagé de sa neutralité et se détachait de Zollverein.

L'Allemagne devait acquiescer à toutes ces diminutions territoriales. De plus elle perdait, du moins provisoirement, tout son empire colonial ; les colonies, mises sous mandat de la Société des Nations, restèrent alors entre les mains de ceux des alliés qui s'en étaient assuré la conquête. Elle reconnaissait enfin la nullité de tous les traités coloniaux d'avant-guerre et notamment du « traité Caillaux » ; elle renonçait à sa politique coloniale et reconnaissait les droits des alliés au Maroc et en Egypte. Elle dénonçait en outre tous les traités signés par elle et ses alliés pendant la durée de la guerre.

B) *Clauses militaires.* — La rive gauche du Rhin devait rester occupée par les armées alliées pour des durées diverses, échelonnées entre 5, 10 et 15 ans ; mais le point de départ de ces délais a fourni depuis matière à contestation de la part des Alliés. L'Allemagne devait réduire son armée à 100.000 hommes, en dehors desquels elle ne pouvait entretenir que des forces de simple police. Elle devait détruire la majeure partie de son matériel de guerre et restreindre fortement le nombre des usines qui travaillaient pour des buts de guerre. La flotte allemande de guerre était très réduite ; elle ne devait plus comprendre de sous-marins, même sous des prétextes commerciaux. Tout le matériel aéronautique existant dut être remis à l'Entente ; aucun terrain d'aviation ne devait être aménagé à moins de 150 km à l'est du Rhin. La rive gauche de ce fleuve devait être rigoureusement démilitarisée, ainsi qu'une bande de 50 km sur la rive droite.

L'Allemagne obtenait le rapatriement de ses prisonniers et des civils jusqu'alors restés internés en pays alliés.

C) *Clauses pénales.* — Devant l'attitude scandaleuse et les multiples défis portés au droit commun — méfaits exécutés par ordre supérieur — l'empereur Guillaume II était décrété d'accusation et cité à comparaître devant les alliés pour répondre des terribles charges accumulées contre lui. De plus tous les coupables de guerre, ceux dont les sévices avaient tant fait souffrir les populations des pays envahis et nos prisonniers, devaient également être recherchés, arrêtés, poursuivis et punis.

L'Allemagne était obligée à indemniser les puissances de l'Entente de tous les ravages de la guerre. Le chiffre global de ces indemnités devait être fixé avant le 1er mai 1921. Mais, dès avant cette date, l'Allemagne aurait à verser des acomptes mensuels à une commission spéciale, appelée *Commission des Réparations* ; les puissances signataires alliées et associées devaient y être représentées et maintenir la Commission jusqu'à liquidation de tous les payements.

D) *Clauses économiques.* — L'Allemagne devait reconnaître à ses vainqueurs la liberté du transit à travers tout son territoire et leur assurer le traitement de la nation la plus favorisée. Le canal de Kiel était ouvert à tous les navires ; l'Elbe, l'Oder, le Niémen, le Danube et le Rhin étaient internationalisés.

E) *Clauses spéciales.* — L'Allemagne devait se reconnaître séparée définitivement de l'Autriche et elle renonçait à tous ses accords économiques d'avant-guerre et à tous ceux conclus pendant la durée des hostilités.

Par contre elle devait reconnaître tous les traités et conventions, signés et à signer, avec toutes les puissances belligérantes.

Enfin, sur l'initiative du président Wilson, le traité enregistrait la création d'un organisme international : *la Société des Nations*, sorte d'état nouveau qui devait se superposer à tous les autres états et donner dorénavant la solution de tous les conflits internationaux, ce qui permettrait d'assurer ainsi au monde une paix perpétuelle. Mais, pouvaient seuls y être admis les états qui se trouveraient quittes de toute obligation internationale en cours d'exécution. Cette mesure avait pour but d'enlever à la nouvelle Société des Nations toute juridiction sur la révision possible du traité de Versailles, ainsi que d'écarter les vaincus de cette Société tant qu'ils n'auraient pas satisfait à leurs obligations vis-à-vis des vainqueurs. On prévit aussi un Bureau International du Travail, pour le règlement des questions ouvrières. A la suite de l'échange des ratifications, le blocus fut levé le 12 juillet.

Traités avec les autres puissances belligérantes. — La même rigueur s'exerça contre les autres puissances ennemies; mais on procéda suivant les mêmes principes (si souvent proclamés), du respect des droits des nationalités, en imposant au besoin les restitutions territoriales nécessaires.

L'*Autriche*, devenue elle aussi une république, fut encore plus frappée dans son unité territoriale que son ancienne alliée l'Allemagne. Elle dut reconnaître l'indépendance de ses anciens sujets slaves. Deux états nouveaux sont constitués par suite du démembrement de l'empire austro-hongrois: la Tchéco-Slovaquie au nord et la Yougo-Slavie au sud qui n'était autre chose qu'un agrandissement de la Serbie. A ces états on eut soin d'accorder des frontières stratégiques, propres à assurer la sécurité de leurs frontières ethniques. L'Autriche s'engageait de plus à ne jamais se rattacher à l'Allemagne.

La *Bulgarie* fut appelée à signer le traité de Neuilly du 27 novembre 1919 : elle subissait quelques amputations territoriales et était séparée de tout accès à la mer Egée. Elle était également tenue à d'importantes réparations.

La *Hongrie* signa le 4 juin 1920 le traité de Trianon : elle reconnaissait les amputations territoriales qu'on lui imposait pour garantir les intérêts tchéco-slovaques, polonais et surtout roumains ; la Transylvanie et la Bukovine étaient en effet rendues à la Roumanie, et on assurait à celle-ci une large frontière stratégique, pour que les Roumains ainsi que les Tchéco-Slovaques n'eussent plus rien à craindre du patriotisme envahissant des Magyars.

Quant à la *Turquie*, elle dut signer en août 1920 le traité de Sèvres, qui avantageait fortement la Grèce. Elle reconnaissait à cette puissance la possession de la Macédoine, des Détroits et, en Asie Mineure, de toute la rive occidentale de l'Anatolie. Elle abandonnait toutes prétentions sur la Cilicie, la Syrie et la Palestine, sur lesquelles les puissances alliées devaient exercer leur mandat jusqu'à ce que ces pays se fussent organisés.

De tous ces traités, celui de Sèvres est le seul qui n'ait pas été ratifié et laisse encore entière toute la question d'Orient.

II

L'APPLICATION DES TRAITÉS

Le malaise économique européen

Aussitôt l'état de paix rétabli, les belligérants se trouvèrent en face d'une lourde situation financière dont chacun d'eux chercha à se dégager avec un égoïsme trop intéressé. Telle fut l'origine du *scandale des changes* qui pèse lourdement sur les relations économiques internationales. Les nations qui n'avaient pas eu à subir d'invasion étaient nettement avantagées. Les Etats-Unis d'Amérique avaient accumulé une encaisse métallique considérable au cours des années de la guerrre ; le dollar conserve donc toute sa valeur. L'Angleterre, ayant pu continuer un assez large mouvement d'affaires, maintient assez bien sa livre sterling au taux d'avant-guerre. Mais les autres alliés de l'Entente ne furent pas soutenus dans leur détresse financière : la France, la plus atteinte dans sa population, dans ses pays dévastés et dans ses finances, fut considérée comme vouée à la banqueroute et traitée à l'avance comme un créancier qui finirait par être insolvable tôt ou tard. Bien que l'émission des billets de la Banque de France eût été enrayée, le franc ne fut estimé sur le marché international qu'à 40 0/0 environ de sa valeur. La Belgique, puis l'Italie, subirent le même sort, toujours parce que la haute banque internationale manquait de confiance dans le relèvement économique de ces pays. Les neutres furent à peine atteints par cette dépréciation ; l'Espagne, la Suisse, la Hollande voient même leurs monnaies nationales estimées à des taux inconnus pour elles avant la guerre. Quant aux vaincus, criblés de dettes intérieures, obligés de payer des réparations, leur change est effondré à tel point que leur situation ressemble à une faillite imposée : le mark allemand ne valut plus que quelques centimes, la couronne autrichienne fut à peine négociable ; quant à la Bulgarie et à la Turquie ce fut sensiblement la même débâcle. Pour les Etats nouveaux, ou agrandis récemment, on ne songea qu'à les traiter sur le même pied que les vaincus par suite du manque d'assiette de leur dette extérieure : un vague pressentiment que l'état de paix était encore trop précaire chez eux aidait à les faire passer eux aussi pour des créanciers indubitablement insolvables.

Le plus scandaleux est que cette situation intolérable, voire même immorale, fait le profit des gros industriels de tous les pays dont les exportations se trouvent souvent payées au double ou au triple de leur valeur réelle. Qu'on ajoute à cela un agiotage effréné de spéculateurs qui trouvent dans cette perturbation une bonne occasion pour jouer de plus en plus à la Bourse sur les changes. En conséquence, le prix de la vie a connu une progression ascendante qui semble se stabiliser en France à un taux de 3 à 4 fois plus élevé que celui d'avant la guerre. D'où situation pénible des classes moyennes et ouvrières, et augmentation des charges fiscales. Cette détresse financière ne sera pas sans peser lourdement sur toutes les difficultés politiques nouvelles dans lesquelles se débattent les états.

L'Allemagne et le traité. — Après avoir essayé par tous les moyens d'éluder la signature du traité, l'Allemagne mit toute son énergie à ne pas l'appliquer ; elle mena sans arrêt une campagne internationale dans le but d'obtenir la révision et l'adoucissement des clauses de la paix de Versailles. Comme elle se trouvait exactement dans la même situation que la France après 1815, elle essaya de reprendre pour son compte la politique qui avait si bien réussi à Talleyrand, avec cette seule différence cependant qu'en 1815 la France avait cherché à faire honneur à sa signature en payant ses dettes, tandis que depuis 1919, l'Allemagne n'avait qu'une idée fixe : ne pas les payer.

Elle commença par porter tous ses efforts dans de multiples tentatives pour dissocier l'Entente. Elle y réussit en partie pour l'Amérique qui ne ratifia pas le traité de Versailles : et cependant trop de clauses, insuffisantes pour les intérêts français, avaient été l'œuvre directe du président Wilson. De plus, l'Amérique se montra de plus en plus exigeante pour le payement de ses créances ; elle rappela son délégué à la Commission des Réparations et ne concourut pas à former la Société des Nations ; elle se désintéressa complètement de toutes les crises politiques européennes où elle aurait pu jouer un rôle d'arbitre indépendant, pour se cantonner dans celui d'*observateur*. D'un autre côté l'Angleterre, paraissant peu soucieuse d'un rapide relèvement français ou du moins agissant comme telle, commença à affecter un rôle de modératrice de « l'impérialisme français » ; elle soutint presque sciemment l'insubordination allemande par les déclarations trop souvent intempestives de ses dirigeants. L'Italie subit une propagande effrénée de la part des anciens partisans de la « Triplice » et se trouva souvent en froid avec la France et aussi avec la Serbie. — Mais, croyant pouvoir pêcher sans vergogne en eau trouble, l'Allemagne manœuvra souvent si impudemment qu'elle parvint à resserrer perpétuellement l'Entente qu'elle cherchait avec tant de peine à dissocier.

Les conférences d'après-guerre. — Les puissances « alliées et associées » furent en effet perpétuellement obligées d'engager des conférences pour régler la position définitive de l'Allemagne. En juin 1920, le *Conseil Suprême* (nom donné à la réunion des premiers ministres de l'Entente) réuni à Boulogne, dut préciser les modalités de la liquidation du matériel de guerre allemand et décida de verser le produit de cette liquidation à la Commission des Réparations. La conférence suivante se réunit à Spa en juillet 1920. Le protocole du 9 juillet régla l'exécution des clauses militaires du traité et détermina le rôle des commissions interalliées de contrôle. Mais la conférence aboutit surtout à l'accord de Spa du 16 juillet.

Les puissances alliées fixèrent le pourcentage qui devait leur revenir sur les sommes versées par l'Allemagne au titre des réparations ; elles réglèrent de plus les droits de la priorité belge pour une somme de 2 milliards et demi. On régla aussi de multiples questions financières, pendantes entre les états. Le même jour était signé le *protocole du charbon* qui permettait au gouvernement allemand de continuer l'exploitation de ses mines, grâce à des avances financières consenties par ses vainqueurs : le ravitaillement des alliés en charbon allemand dont le besoin était alors urgent put enfin être assuré.

Le 29 janvier 1921, après de pénibles concessions de la part de la France, la conférence de Paris fixait la dette globale de l'Allemagne à la somme de 226 milliards, payables en 42 annuités ; l'Allemagne s'agita avec une grande violence contre l'énormité de cette dette dont elle avait grevé ses vainqueurs au temps de ses victoires ; elle se refusa nettement à accepter cette décision. La question fut malheureusement remise à l'étude malgré les protestations françaises ; et le 28 avril 1921, la Commission des Réparations notifiait à l'Allemagne que sa *dette de réparation* s'élèverait dorénavant à *132 milliards.* Cette faiblesse des alliés encouragea l'Allemagne à continuer la résistance.

En mai 1921, il fallut la réunion d'une nouvelle conférence à Paris pour s'entendre sur les sanctions à prendre contre la mauvaise volonté allemande : le 5 mai, l'Allemagne recevait un ultimatum la mettant en demeure de s'exécuter : l'Allemagne ne céda que devant l'intransigeance du gouvernement français (rappel d'une classe démobilisée sous les armes, menace d'occupation de la Ruhr).

L'Allemagne se réjouit de ce que l'Angleterre et l'Amérique avaient désapprouvé l'attitude énergique de la France. La *conférence de Paris,* en août 1921, tenue entre les ministres des finances, trouvait la France largement indemnisée par les mines de la Sarre et lui enlevait tout droit à participer à la répartition du premier milliard versé par l'Allemagne. Le gouvernement français ne ratifia pas cet accord, qui compromettait gravement sa situation financière immédiate.

Le 22 décembre 1921, les gouvernements franco-britanniques durent envoyer des « recommandations » formelles à l'Allemagne, qui venait de tenter un « ballon d'essai » en sollicitant l'octroi, pour ses payements, d'un *moratorium.* Celle-ci tint bon ; et à la *Conférence de Cannes* de janvier 1922, elle obtenait enfin un moratorium provisoire pour janvier et février. La France rompit brusquement la Conférence par suite de la démission imposée au ministre Briand, trop occupé de sauvegarder l'alliance britannique par de perpétuelles concessions à l'Allemagne.

Du 8 au 11 mars une conférence des ministres des finances de Belgique, de France, d'Angleterre et d'Italie, tenue à Paris, précisait les répartitions des sommes versées par l'Allemagne et réglait les arrangements relatifs aux frais des armées d'occupation.

L'Allemagne, sentant qu'elle risquait des mesures coercitives énergiques de la part du gouvernement français (ministère Poincaré), jugea prudent de se prêter de bon gré au versement de 720 millions de marks or, notifié par la Commission des Réparations le 21 mars, en exécution des décisions de la Conférence de Cannes pour l'année 1922. Le 15 avril, elle versait déjà 300 millions, marquant ainsi une détente dans sa politique de non-exécution systématique du traité de Versailles : elle commença aussi à se montrer prête à se plier au programme de réformes financières qu'on exigeait d'elle pour qu'elle ne diminuât pas systématiquement et progressivement sa solvabilité.

Lasse des atermoiements perpétuels de l'Allemagne, et voulant faire preuve d'esprit de conciliation, la France s'entendit, entre temps, directement avec son ennemie pour qu'elle l'indemnisât en nature : la reconstruction des pays dévastés fut confiée en partie à l'Allemagne dont l'activité industrielle ne pouvait que tirer profit de ce débouché (traité de Wiesbaden, dit « traité Loucheur »). Mais le ministre allemand Rathenau, qui avait mis sa signature au bas du traité, subit en 1922 le sort d'Erzberger et fut assassiné. Plus tard on concédait aussi à l'Allemagne le droit de travailler à l'aménagement des voies navigables de France (correction du cours du Rhône, canal du Nord-Est de la Meuse à l'Escaut, voies ferrées des Vosges, tunnels, etc...). Cette façon de procéder, permettant à la France des réalisations pratiques de sa créance, n'est pas sans éveiller les susceptibilités des créanciers alliés et surtout anglais.

La situation des Etats vaincus. — Pendant ce temps les Etats belligérants cherchaient également à retrouver un équilibre social que compromettaient les conséquences de la guerre.

Vainqueurs et vaincus avaient non seulement à se relever de leurs ruines, mais aussi à maîtriser chez eux les mouvements de désordre provoqués par la classe ouvrière devenue de plus en plus exigeante (crimes sociaux), et aussi par le mécontentement général que causait l'inflation démesurée des impôts.

A) *L'Allemagne.* — Dès la signature de la paix, l'Allemagne eut à dompter une dangereuse révolte d'allure soviétique ; elle eut à reprimer chez elle l'agitation spartakiste, pendant laquelle le fameux socialiste Liebknecht trouva la mort ; l'opinion publique accusa « la droite » d'avoir commis cet assassinat. Profitant de ce danger, d'ailleurs réel, puisqu'à Berlin notamment la police dut recourir à l'emploi de l'artillerie, l'Allemagne multiplia ses troupes d'« auto-protection » ; les mineurs de la Ruhr s'étant révoltés furent énergiquement réprimés. Mais la multiplication exagérée de ces troupes de police camouflait mal le renforcement effectif de l'armée active allemande. L'Entente en exigeait la dissolution, quand eut lieu le coup d'état Erhart qui fut un moment maître de Berlin. Ce n'était qu'une échauffourée passagère qui ne fit que compromettre définitivement les partisans de l'ex-empereur. Le président Ebert put rétablir la situation ; mais il sentit qu'il lui fallait compter dorénavant avec les anciens partis de droite soutenus par les grands industriels. Il les laissa donc organiser librement leurs manifestations, à condition qu'elles eussent un caractère nettement national et patriotique.

Il se prêta ainsi à la violente propagande allemande pour que les plébiscites en cours fussent des victoires allemandes. On multiplia les fêtes de bienfaisance, les appels au patriotisme public pour ouvrir de nombreuses listes de souscription ; des comités agissants furent créés, on leur constitua même des « troupes de choc » prêtes à intervenir au besoin pour intimider les non-allemands ; les officiers furent encouragés à organiser l'appui officiel des troupes dont on eut soin de garnir les zones frontières des territoires plébiscités. Cette méthode réussit merveilleusement à Dantzig, où elle eut presque l'appui du haut commissaire anglais délégué par la Société des Nations ; elle remporta une réelle victoire au Sleswig et surtout en Prusse orientale. Quand il s'agit de la question de Haute-Silésie, tout l'effort allemand se tendit pour arracher aux Polonais le maximum de ce territoire industriel et minier. La Commission interalliée d'Oppeln, présidée par le général français Le Rond, eut difficilement raison de cette agitation qui aboutit à une crise aiguë, pendant laquelle les troupes alliées eurent à subir des sévices graves (assassinat du commandant de Montalègre, attaques multiples de casernes, échauffourées contre les isolés, etc...) Tout Allemand, susceptible de voter dans les zones en litige, fut défrayé de tous les frais nécessités par son déplacement ; on lui paya son voyage, on le nourrit, on lui assura le couchage. En conséquence, à la suite du plébiscite haut-silésien, la frontière fut virtuellement impossible à fixer ; pour éviter la dissociation de l'Entente, le Conseil Suprême s'en remit à la décision de la Société des Nations, dont le travail put aboutir grâce à l'activité du délégué japonais. L'Allemagne se montra très déçue de n'avoir remporté qu'une demi-victoire. Quand la Commission interalliée eut passé ses pouvoirs aux autorités allemandes et polonaises, les troupes interalliées eurent à subir dans les trains de véritables fusillades qui ne firent d'ailleurs de victimes que dans la population civile.

La violence des partis de droite, l'assassinat cynique de Rathenau, amenèrent enfin la République allemande à prendre des mesures spéciales de protection. D'ailleurs les pays de la rive gauche du Rhin, bien qu'occupés par les troupes alliées, n'étaient pas à l'abri de toute propagande subversive allemande ; le gouvernement allemand s'attacha trop à n'envoyer en Rhénanie que des fonctionnaires, des professeurs, des employés, etc... à tendances nettement pangermanistes et anti-françaises. Le Haut-Commissariat de Mayence dut casser une foule de nominations sans que l'Allemagne ait cessé pour cela de continuer son jeu.

Cependant, grâce à l'énergie des troupes alliées, tous les troubles furent vivement réprimés.

Enfin l'Allemagne recourut, pour ne pas payer ses dettes extérieures, à l'effondrement systématique du mark qui devait forcément l'acculer à la faillite pure et simple. Le procédé employé fut l'*inflation fiduciaire* du mark-papier qui ne semble pas devoir être enrayée de sitôt, malgré les efforts du *Comité International des Garanties* chargé de contrôler si l'Allemagne ne laisse pas perdre les richesses dont la saisie pourrait nous garantir d'être payés.

Cependant l'Allemagne fournit un travail industriel formidable ; elle produit en masse ; elle a repris la construction de navires de commerce, elle entreprend de grands travaux publics immobilisant d'immenses capitaux pour de nombreuses années. Sa misère actuelle ne semble que factice et paraît bien être l'œuvre des grands industriels qui aspirent au retour du césarisme, ainsi que celle des « hobereaux prussiens » qui ne pensent qu'à la revanche. Devant des faits aussi évidents, on se demande si les socialistes et les républicains allemands détiennent réellement le pouvoir dans le « Reich » : la Bavière surtout se signale par son agitation anti-républicaine.

B) *L'Autriche*. — La République autrichienne, constituée depuis l'abdication de l'empereur Charles Ier, le 12 novembre 1918, traverse une crise des plus graves qui l'aurait infailliblement emportée, si les puissances n'étaient pas intervenues financièrement en sa faveur. La ville de Vienne, dont le développement magnifique était dû à sa situation politique de centre d'un immense état, se trouva du jour au lendemain réduite à un rôle purement régional ; aucun état voisin ne se souciait de rester son client. Il en résulta des famines et de terribles grèves qui ne firent qu'encourager la propagande pangermaniste de rattachement à l'Allemagne. Là encore les Allemands agirent avec la dernière impudence ; malgré l'opposition du chancelier autrichien, intimidé par les observations de l'Entente, ils purent organiser dans une grande partie de l'Autriche un plébiscite volontaire qui se montrait nettement partisan du rattachement à l'Allemagne. Le gouvernement allemand laissa organiser cette agitation ; car il n'aurait pas été fâché de compenser par l'annexion de l'Autriche la perte éprouvée en Alsace-Lorraine.

C) *La Hongrie*. — La Hongrie, définitivement séparée de l'Autriche, fut un moment la proie de l'agitation révolutionnaire de Bela Kun qui put installer à Budapest une dictature soviétique (assassinat de Tisza). Il fut renversé bientôt, et le Royaume de Hongrie, ne sachant pas encore à quel roi se donner, confia la Régence à l'amiral Horthy. Cette absence de souverain encouragea les coups d'état de l'ex-empereur-roi Charles Ier d'Autriche alors réfugié en Suisse. Les délégués des puissances décidèrent le Régent à agir vigoureusement contre le souverain détrôné, auquel tout retour au trône avait été formellement interdit par les puissances. L'ex-souverain fut livré aux Anglais qui le déportèrent à Funchal, dans l'île Madère : il y mourut dans un état voisin de la gêne. La rigueur des alliés n'avait-elle pas été excessive pour ce prince qui avait eu le courage de faire à l'Entente dès 1917 des propositions de paix séparée (lettre au prince Sixte de Bourbon du 31 mars 1917) ? L'ex-impératrice Zita et ses enfants furent recueillis depuis à Madrid par le roi Alphonse XIII.

Quant à la Hongrie, elle est entrée dans une période de recueillement depuis que ses frontières, dorénavant bien établies, ont enlevé toute activité possible aux partis nationaux, qui avaient en effet amené un conflit armé avec la Roumanie et avaient failli en causer un avec l'Autriche, lors de l'affaire du Burgenland.

D) *La Bulgarie*. — De tous les états vaincus, la Bulgarie est celui qui a accepté le plus loyalement sa situation nouvelle et qui cherche à remplir exactement ses obligations extérieures.

E) *La Turquie*. — La signature du traité de Sèvres amena une grave scission intérieure. Tandis que la zone européenne de l'empire turc restait sous l'autorité du sultan et sous le contrôle des troupes alliées d'occupation, l'Asie Mineure se soulevait et Kemal-pacha orientait le mouvement nationaliste turc vers une zénophobie soudaine, qui coûta la vie à presque tous les détachements alliés essaimés par petits paquets en Mésopotamie et en Anatolie (affaire d'Adana). Un gouvernement insurrectionnel s'établit à Angora ; il organise actuellement la résistance nationale contre les opérations de l'armée grecque. Toutes les tentatives des puissances pour amener le gouvernement d'Angora à se rallier à celui de Constantinople ont échoué.

La situation des états alliés. — A) *La France*. — La France, si éprouvée par la guerre, s'est consacrée courageusement à la reprise du travail. Pour remettre rapidement sur pied ses pays dévastés, elle a eu recours à tous les moyens, tels que parrainages étrangers et régionaux pour les villes et les villages en voie de reconstruction, et surtout constitution d'un ministre spécial des régions libérées et emprunts successifs du Crédit National.

Pour faciliter la reprise de l'activité commerciale et l'échange de la monnaie, les Chambres de Commerce furent autorisées à émettre des billets, ou petites coupures, garantis par des dépôts de valeur équivalente faits à la Banque de France ; à Paris, on lança même les jetons métalliques de 0 fr. 50, de 1 et 2 francs, pour remplacer progressivement dans le pays le papier, trop peu pratique pour un long usage.

Seule la reprise de l'Alsace-Lorraine fut pour la France une joie nationale ; mais la transition immédiate du régime allemand à l'organisation administrative française ne peut être réalisée qu'après un assez long temps, surtout pour les questions religieuses et universitaires.

Au point de vue extérieur, le gouvernement français se trouve malheureusement toujours obligé d'être sur la brèche pour défendre ses intérêts. En réalité, c'est la seule puissance alliée qui soit susceptible de tenir tête à la mauvaise foi allemande : ce qui n'est pas sans faire converger sur elle tout le poids de la haine germanique. Cette situation est d'autant plus grave que le problème de la natalité se pose d'une façon inquiétante et menace sérieusement, pour l'avenir, l'existence même de notre pays, et, par suite celle de toute la civilisation française.

B) *L'Angleterre.* — L'Angleterre eut à subir de graves crises extérieures. L'Afrique du Sud fut le théâtre d'une grève de mineurs qui prit d'assez grandes proportions : le gouverneur dut refaire la conquête des pays révoltés, avec l'armée anglaise d'occupation. L'Égypte, se secouant de sa torpeur traditionnelle, essaya de chasser les Anglais par de multiples manifestations nationalistes (parti de Zaghoul Pacha). Après avoir exilé le chef nationaliste, le gouvernement anglais eut la sagesse de céder, du moins en apparence, au patriotisme égyptien, en autorisant la constitution de l'Égypte en Royaume indépendant et en y intronisant Fuad pacha, qui prit le titre de Fuad Ier. Aux Indes, les événements prirent une tournure assez grave ; les nationalistes hindous encouragèrent les révoltes des *mophtis* ; l'islamisme et le soviétisme ne devaient pas être étrangers à cette effervescence des Indes, qui ne fut que péniblement réprimée et qui provoqua un voyage d'enquêtes du prince de Galles dans le pays révolté.

Mais la question d'Irlande devait être la plus ardue à résoudre pour Lloyd Georges.

Déjà, pendant la guerre, l'Allemagne avait encouragé les idées séparatistes irlandaises ; elle avait fait débarquer en Irlande, par un sous-marin, lord Casement, un dangereux agitateur qu'on put arrêter à temps. Mais depuis l'armistice, les sociétés secrètes *Sinn feiner* avaient proclamé en Irlande la République avec Valéra comme président. L'Angleterre fit occuper l'île militairement, en faisant appel aux bonnes volontés anglaises pour organiser une forte *police volontaire.* L'Irlande fut alors le centre de nombreux actes de guerre qui frisaient fort le brigandage à main armée. La population irlandaise affecta la neutralité entre les deux partis ; mais la situation devenait de plus en plus intenable, surtout pour la police anglaise, par suite de coups de main armés, exécutés même au milieu du calme le plus apparent. Les Irlandais qui, comme le maire de Cork, avaient affiché nettement leur foi républicaine, furent arrêtés ; les prisonniers irlandais répondirent par la grève de la faim qui leur coûta presque toujours la vie. Pendant ce temps des foules immenses d'Irlandais témoignaient solennellement leur réprobation en priant dans la rue pendant l'agonie ou l'exécution de leurs compatriotes ; à Londres même, en pleine cathédrale catholique, les honneurs militaires furent rendus au cercueil du maire de Cork par des soldats de l'armée républicaine irlandaise ; la police anglaise n'osa pas les arrêter. C'est que l'Amérique ne cachait pas ses sympathies pour l'Irlande ; l'opinion publique en France était nettement pour le pays persécuté. Lloyd Georges tenta vainement un rapprochement direct avec Valéra ; puis, après s'être fait approuvé par le parlement même de Dublin, il se décida à reconnaître à l'Irlande le plein exercice du Home Rule. Les

Orangistes recommencèrent aussitôt leur agitation à Belfast, ainsi que les républicains dans l'ensemble de l'île. Mais le gouvernement de Dublin constitua une armée régulière qui s'appliqua à faire céder les résistances orangistes de l'Ulster et des comtés républicains du sud. Les débuts du nouveau gouvernement irlandais étaient ensanglantés par une terrible guerre civile.

A l'intérieur même de l'Angleterre, la situation économique devenait de moins en moins brillante. Devant les exigences du parti ouvrier et devant la pénurie des commandes de l'étranger, l'industrie anglaise dut fermer de nombreuses usines. Le chômage atteignit dès lors en Angleterre des proportions inquiétantes ; il y eut même en 1921 jusqu'à 2 millions de chômeurs. Les dirigeants anglais ont activement travaillé à assurer au commerce anglais des débouchés nouveaux pour parer au mécontentement ouvrier qui pourrait compromettre gravement la situation britannique.

Mais le gouvernement de Lloyd Georges devait être absorbé surtout par le proçlème russe et la question d'Orient. Le Premier Anglais adopta alors une politique si personnelle et si maladroite pour la France, qu'il finit par perdre sa majorité et dut démissionner, quelques jours avant les grandes élections parlementaires de Novembre 1922.

C) *L'Italie*. — Depuis la fin de la guerre, l'Italie fut très éprouvée pendant quelque temps par une tentative de soviétisme que risquèrent les ouvriers en s'emparant des usines (septembre 1920). Ce mouvement anarchiste souleva l'indignation de nombreux patriotes italiens qui se groupèrent et prirent le nom de *fascistes* (faisceau). Fascistes et socialistes se disputèrent avec une telle âpreté qu'en beaucoup d'endroits la lutte prit le caractère d'une vraie guerre civile. La troupe dut continuellement s'interposer pour séparer les antagonistes, et les colères des deux partis furent difficilement contenues. Enfin, en 1922, Mussolini, chef du fascisme, fut chargé de prendre la direction du gouvernement.

Au point de vue extérieur, l'irrédentisme italien se heurta à de graves mécomptes. La base de Vallona, tant convoitée par l'Italie, dut être abandonnée devant les énergiques et décisives interventions armées des Albanais. Mais *l'affaire de Fiume*, port italien qui devait être abandonné aux Yougo-Slaves pour leur assurer un débouché maritime sur l'Adriatique, fut gravement compromise par l'équipée de d'Annunzio ; le patriotisme italien protégea le révolté au point que le gouvernement italien dut demander un arrangement avec la Yougo-Slavie pour faire céder les rebelles. Les gouvernements alliés intervinrent auprès de l'Italie pour lui donner des conseils de modération ; et, au traité de Rapallo, tous les incidents italo-serbes furent réglés à l'amiable ; Fiume y gagna de devenir un port franc et y trouva son indépendance. Les légionnaires de d'Annunzio durent céder devant la pression de l'Italie et de la population fiumaine.

D) *Les Etats-Unis d'Amérique. La Conférence de Washington.* — Depuis la fin des hostilités, le gouvernement américain semble s'être confiné dans un « splendide isolement », qui n'est pas sans jeter un grave trouble dans les relations économiques internationales et même dans le développement du commerce intérieur américain. L'inauguration du *régime sec*, c'est-à-dire l'interdiction absolue de la consommation de tout alcool ou spiritueux, a porté un grave coup à l'importation des vins et spiritueux français.

De plus, au point de vue extérieur, les Etats-Unis se sont montrés très exigeants pour le payement intégral des dettes interalliées et le remboursement des frais de leurs armées d'occupation en Rhénanie, alors que les anciens alliés escomptaient presque une remise mutuelle des dettes. Les Etats-Unis finirent par signer en 1921 leur paix séparée avec l'Allemagne, au traité de Washington. Enfin l'ouverture récente du canal de Panama et les complications japonaises risquèrent d'ouvrir de graves conflits pour l'avenir dans le Pacifique. L'émigration japonaise avait été en effet interdite par le gouvernement de Californie, et le gouvernement fédéral ne fit aucune concession aux protestations japonaises. Comme le Japon était l'allié de l'Angleterre, et que de plus les Etats-Unis n'étaient pas soucieux de se voir prendre un jour ou l'autre les Philippines ou les îles Hawaï, le président Harding, successeur de Wilson, vit dans le désarmement général maritime, au moins provisoire, la possibilité d'éviter tout conflit dans le Pacifique. Il convoqua toutes les puissances qui étaient intéressées au maintien du *statu quo* dans cette partie du monde, à une grande conférence qui se tint à Washington (1921). Après de difficultueuses discussions, dans lesquelles la France essaya de concilier toutes les querelles de races et d'atténuer pour le Japon une tentative trop visible de « lâchage » anglais, la Conférence aboutit à une entente pour un désarmement général de toutes les puissances navales, proportionnellement à leurs effectifs alors existants. Dans l'esprit des négociateurs, cette réduction des marines de guerre devait rendre disponibles de gros capitaux dont les états participants à la Conférence pourraient disposer pour leur relèvement économique.

Si intéressé pour les questions d'ordre maritime qui visaient directement son pays, le président Harding veillait soigneusement à ne jamais prendre une part active aux délibérations des conférences d'Europe ; il se borna, comme nous l'avons dit plus haut, à y envoyer des « observateurs », dont l'action n'engageait en rien la politique de la république américaine.

La situation des états nouveaux ou remaniés. — Au moment de la déclaration de guerre, le tsar avait solennellement promis à *la Pologne* de lui rendre sa liberté et de la constituer après les hostilités en un royaume indépendant. Vers la fin de la guerre, en 1918, l'Allemagne, obéissant à des mobiles d'intérêt et voulant obtenir l'aide militaire de tous les Polonais, tenta d'organiser elle-même une Pologne, indépendante en apparence. Mais, ce ne fut qu'au jour de la signature du traité de Versailles que la République de Pologne fut solennellement reconnue comme reconstituée ; et la honte des partages de la fin du XVIIIe siècle se trouva enfin effacée.

Les débuts de cet état nouveau furent très pénibles, vu le manque d'homogénéité des trois tronçons, habitués depuis plus d'un siècle à vivre isolés, chacun sous une civilisation différente. Les deux grands organisateurs du pays furent le maréchal Pilsudski et le président Paderewski, qui essayèrent d'insuffler à leur pays l'enthousiasme national dont il avait besoin pour faire face à ses charges nouvelles. Questions financières, surveillance du soviétisme russe, défaut de frontières naturelles, autant de graves difficultés qui faillirent le faire périr dès sa résurrection. Reprenant en effet la politique pan-russe des tsars sous le fallacieux prétexte de réaliser la révolution mondiale, la Russie des Soviets jetait son armée rouge sur la Pologne encore trop faible pour lui résister. Les atrocités russes provoquèrent en Europe un sursaut d'indignation tel que la France n'hésita pas à envoyer une mission militaire française spéciale, pour réorganiser en hâte l'armée polonaise ; le chef d'Etat-Major de Foch, le général Weygand, sut réaliser l'unité de méthode et de direction qui permit à l'armée polonaise, redevenue confiante en elle-même, de remporter la brillante *victoire de Varsovie.* L'armée russe s'enfuit en pleine débâcle, et la Russie demanda la paix qui fut signée à *Riga.*

Délivrée tout au moins provisoirement de tout danger extérieur, la Pologne, largement soutenue par le gouvernement français, put renforcer toute son organisation militaire ; elle est en effet la seule puissance dans l'Europe orientale capable de compenser vis-à-vis de l'Allemagne la perte que nous avons éprouvée par la disparition de l'alliance russe. Seule l'antipathie anglaise l'a souvent gênée dans son action d'expansion et d'unification : le pays polonais fut toujours sur la brèche pour défendre ses nationaux dans les zones plébiscitaires, en Lithuanie et surtout à Vilna, où la situation n'a pas encore reçu de solution nette. Les rapports de dépendance économique étroite avec la ville libre de Dantzig ne font que gêner son ravitaillement, surtout en matériel militaire.

En *Tchéco-Slovaquie,* la situation est moins tendue : l'élément tchèque s'entend avec les Moraves et les Slovaques contre les Germaniques et l'ancienne noblesse magyare. Mais la Bohême est trop peuplée encore par une population germanique dont les colonies, essaimées dans les centres industriels, manifestent des sentiments pangermanistes très agissants. La question socialiste a failli également troubler la situation de l'état nouveau. La Tchéco-Slovaquie a besoin elle aussi de renforcer au plus tôt son armée pour enlever à la Hongrie et aux puissances germaniques toute velléité de retour offensif, surtout contre la Slovaquie, et pour prendre part au maintien du « cordon sanitaire » anti-russe. Des missions militaires françaises lui furent envoyées.

Elle a de plus tout à organiser sur son territoire : chemins de fer, routes, extension de l'enseignement, tous ces éléments de civilisation jusqu'alors systématiquement refusés aux populations slaves que l'élément germano-magyar voulait maintenir alors dans une étroite servitude. En Silésie, le plébiscite de Teschen a fixé définitivement la frontière avec l'Allemagne.

La *Yougo-Slavie*, formée par la réunion des Serbes, des Croates et des Slovènes, est en réalité une reconstitution de la Grande Serbie. Le vieux roi Pierre de Serbie s'éteignit après avoir vu la résurrection complète de la nation serbe ; depuis longtemps son fils Alexandre exerçait la Régence ; il est devenu roi et a épousé une princesse roumaine en 1922.

Au point de vue extérieur, la Serbie a complètement absorbé le Monténégro, dont le vieux roi Nicolas mourut en exil. Elle a essayé de remanier sa frontière du côté albanais ; mais son expansion, qui risquait d'être exagérée, a été arrêtée par le Conseil des Ambassadeurs, qui s'était substitué pour les questions territoriales en cours de solution à l'ancien Conseil des Cinq. Les puissances purent ainsi sauvegarder l'indépendance de l'Albanie dont les frontières semblent assez bien fixées, tout en ménageant le patriotisme italien dans la question de Fiume si grave pour la vitalité économique de la Serbie.

La *Roumanie* se relève progressivement de ses ruines et organise l'unification de ses nouveaux territoires de Transylvanie et de Bukovine ; elle a obtenu une partie du banat de Temesvar pour la possession duquel la lutte fut des plus ardentes avec les Serbes et les Hongrois ; elle a reçu également l'autorisation de reprendre la Bessarabie que lui avait enlevée la Russie en 1878. Là encore, elle garde fidèlement le cordon sanitaire contre l'expansion mondiale du soviétisme russe.

Les terribles rivalités entre tous ces peuples danubiens n'ont pas facilité la libre circulation sur le fleuve internationalisé.

La *Commission internationale du Danube* s'est réinstallée à Galatz et, grâce à son activité conciliatrice, on peut espérer la reprise possible d'une circulation normale sans brimade de la part de riverains trop intransigeants.

Tous ces nouveaux états se sentent menacés par leurs puissants voisins qui furent trop longtemps leurs maîtres. C'est qu'en effet leur particularisme étroit semble les vouer à une perte certaine pour le jour où les Germaniques, les Magyars et les Russes voudraient les reconquérir : aussi ont-ils tenté un rapprochement, et sont-ils tous rentrés dans une alliance surtout défensive qu'ils ont appelée la *Petite Entente.* On peut s'attendre à ce que, tôt ou tard, tous les peuples balkaniques entrent aussi dans cette prudente alliance ; mais il faut toujours craindre que les haines de race ne paralysent parfois la bonne volonté des dirigeants.

Les *États de la Baltique* sont encore plus isolés et plus fragmentés : ils se sont formés sous l'impulsion agissante de leurs éléments germaniques et de leurs races nationales baltes. La Finlande a pu aussi proclamer son indépendance. Tous ces pays sont en voie de réorganisation économique ; ce sont les seuls qui aient pu échapper à la reprise par les Soviets russes des territoires détachés de l'ancien empire tsariste.

En *Grèce*, le roi Constantin avait dû abdiquer en juin 1917 à cause de ses trahisons envers l'Entente (assassinat prémédité d'un corps de marins français à Athènes, et surtout correspondance active et échange de renseignements avec les Centraux) : il avait été expulsé. Le diadoque avait suivi son père, et son frère, Alexandre Ier, monté sur le trône (1917-1920), avait rappelé Venizelos, qui avait orienté la Grèce vers une politique nationale, trouvant enfin la réalisation de toutes ses aspirations dans le traité de Sèvres. La mort prématurée du nouveau roi provoqua le retour de Constantin sur le trône ; Venizelos, qui avait commencé une guerre contre le gouvernement turc d'Angora, dut se retirer. Constantin fut abandonné par les puissances de l'Entente, sauf par l'Angleterre, qui lui accorda les subsides et le matériel nécessaires pour continuer la guerre. Mais la Grèce n'eut pas la force suffisante pour terminer efficacement la lutte. Malgré la brillante offensive qui faillit amener en 1921 l'armée grecque aux portes d'Angora, la contre-attaque turque ramena les Grecs jusqu'à leur base de départ d'Eski-Cheir et d'Affioun-

Karahissar. Par ailleurs, la France, gênée en Cilicie par le gouvernement d'Angora, fit une paix séparée avec Kémal-pacha, pour éviter à ses nationaux de se faire tuer pour des belligérants qu'elle n'avait aucun motif de ménager. Pendant l'hiver 1921-1922, les puissances n'aboutirent pas à mettre sur pied une paix stable, soit par suite de la divergence des vues franco-italiennes et anglaises, soit par suite de l'intransigeance turque ou de la mégalomanie constantinienne.

Pendant l'été 1922, le roi Constantin pensa attaquer Constantinople ; l'opposition énergique des alliés l'en détourna. De plus, l'armée nationaliste turque prit l'offensive, brisa le front grec et pénétra jusqu'à Smyrne. L'armée grecque démoralisée fut mise hors de combat. Les Anglais s'opposèrent à ce que les Nationalistes franchissent les détroits ; et peu s'en fallut que la politique de Lloyd Georges (affaire de Tchanak) ne déclenchât une guerre européenne en Orient. Enfin les alliés finirent par faire signer aux belligérants l'*armistice de Moudianah*, qui garantissait la neutralité des Détroits et la cession aux Turcs de leur ancienne frontière en Thrace. Une conférence européenne (Lausanne) devait traiter de la paix définitive. C'était l'effondrement des ambitions grecques ; et devant la colère de l'ambition publique, Constantin dut abdiquer.

La Turquie, reconquise par les Kémalistes, cherchait à solutionner le problème du maintien du Khalifat au Sultan. En attendant la signature de la paix, Constantinople restait occupée par des contingents alliés, chargés de faire la police de la ville et la surveillance de la neutralité des Détroits.

Le soviétisme russe — Les conférences de Gênes et de la Haye (1922) — La Russie passe actuellement par une crise tellement compliquée et sur laquelle les renseignements sont si contradictoires, qu'il est impossible d'en présenter un historique rigoureusement exact. Cependant on peut en dégager les grands traits suivants.

Depuis le moment où Lénine et Trotsky se sont emparés du pouvoir, le soviétisme russe a organisé une politique nouvelle. A l'intérieur, le corps social a été entièrement disloqué. Tout a été nationalisé. L'aristocratie a été ravalée au niveau du bas-peuple ; nombreux sont les exilés russes réfugiés à Paris et dont la misère rappelle celle des anciens émigrés de la Révolution française. La liberté a dégénéré chez les Slaves en une anarchie profonde, qui a permis à une minorité agissante d'exercer une dictature bien plus autoritaire que le fut peut-être jamais le tsarisme, même le plus absolu.

Les *Tchécas* jouent le rôle de comités révolutionnaires, obéissant à un mot d'ordre qui leur vient de Moscou, redevenue la capitale russe. Le premier souci des Soviets fut d'écraser toute tentative de contre-révolution. Pour cela, Lénine et Trotsky ne reculèrent pas devant les exécutions sommaires, les longs emprisonnements, les supplices les plus raffinés confiés à des Chinois, et même presque certainement le massacre de toute la famille impériale. Les tentatives sérieuses de contre-révolution russe, dont celle de Wrangel, dans le Sud et en Crimée, qui fut soutenue par l'argent français (1921), étaient vouées à un échec certain, parce que les soldats contre-révolutionnaires se défiaient de leurs chefs ils voulaient bien lutter contre les Soviets, mais non pas pour le rétablissement du tsarisme.

Les Soviets surent rétablir la discipline dans leur armée, qui fut dotée (presque sûrement) d'instructeurs germaniques et de matériel allemand. Grâce à la force de « l'armée rouge », la politique nationale russe put être reprise. Toutes les républiques qui s'étaient détachées du colosse russe furent vite soviétisées. Seule la tentative contre la Pologne a échoué ; mais l'Ukraine, les républiques caucasiques (Géorgie, Azerbeidjan, etc...), l'Arménie (départagée avec le gouvernement d'Angora), la République de Sibérie qui avait fini par se survivre dans la petite république-extrême orientale de Tchita, toutes ces nationalités, un moment indépendantes, durent par force se rallier au gouvernement des Soviets.

Le rêve de la Révolution russe est de se transformer en une révolution mondiale. A cet effet l'or russe, confisqué par les Soviets, a permis de faire une propagande effrontée dans tous les états du monde ; les Soviets allèrent jusqu'à fabriquer officiellement de faux billets de banque étrangers ; ils confièrent de gros capitaux à tous les socialistes étrangers qui voulaient bien se rallier aux théories de Moscou. Ils sont parvenus à disloquer l'Internationale ouvrière en deux partis, ce qui ne fait qu'aviver la lutte de classes inlassablement prêchée dans le monde entier.

Mais l'isolement économique de la Russie a gravement compromis la vie matérielle de l'Europe. Poussées par des nécessités commerciales, la Suède, puis l'Angleterre, tentèrent de nouer des relations officielles avec Moscou ; malheureusement elles n'en tirèrent trop souvent que de graves déboires. Enfin en 1921-1922 éclata une famine atroce qui fit refluer tous les moujiks russes vers la Russie du Sud. Le monde s'émut, mais les Soviets n'admirent que péniblement les secours européens spontanément offerts : par suite de la mauvaise volonté du gouvernement russe, qui redoutait dans l'arrivée des secours étrangers une importation contre-révolutionnaire, et devant l'insuffisance absolue du matériel des voies ferrées, le Comité de Secours, dirigé par l'américain *Hoover*, est resté impuissant à enrayer un cataclysme qui menace d'anéantir toute trace de civilisation.

Le *marasme général économique* européen fit décider la réunion à Gênes d'une conférence spécialement destinée à résoudre le problème de la crise mondiale, et surtout celui de la *reconstruction de la Russie*. La conférence travailla activement ; mais la Russie et l'Allemagne, qui avaient été spécialement invitées, profitèrent de leur passage à Gênes pour mettre au point un projet d'alliance économique qui fut signé à Rapallo, obligeant ainsi les Puissances à écarter l'Allemagne et la Russie des délibérations préparatoires aux séances plénières, du moins en ce qui concernait la reconstruction de la Russie. De plus les envoyés russes restèrent intraitables sur la question du payement des dettes de l'état russe et sur celle de la restitution aux étrangers des biens privés dont ils avaient été dépouillés par la nationalisation générale des biens en Russie. La Belgique se retira la première ; devant l'intransigeance persistante de M. Barthou, délégué français et celle des délégués russes, Lloyd Georges leva les séances de Gênes, en convoquant les Etats à une conférence d'experts qui devait se tenir à *la Haye*, en *juillet*. Cette deuxième conférence a également échoué devant l'intransigeance russe, les Soviets se refusant définitivement à reconnaître le principe, pourtant intangible, du droit à la propriété privée et du payement des dettes extérieures.

L'Extrême-Orient. — La Chine, qui depuis 1911 était parvenue à chasser le gouvernement du « fils du Ciel », avait pu s'organiser en une *République chinoise*, grâce à l'activité du parti de la « Jeune Chine », à tendances xénophobes mais partisan du développement économique suivant les méthodes européennes. Le 15 février 1912, l'union générale s'était faite entre le Nord et Sud pour l'élection d'une Constituante. La présidence avait été confiée à Yuan-Shi-Kaï (1912 à 1916).

Pendant la guerre, la Chine vint renforcer l'Entente ; elle y gagna de pouvoir revendiquer aux Japonais la restitution de Kiao-Tchéou et de toutes les anciennes exploitations allemandes du Chan-Toung. En 1922, l'évacuation était acceptée et effectuée par le Japon.

Par contre la situation intérieure n'est pas encore stable par suite des troubles continuels qui sont provoqués par l'antipathie du Sud pour le Nord et les Mandchous. Européens et Japonais sont encore trop souvent obligés d'envoyer des troupes pour protéger leurs concessions nationales.

Quant au *Japon*, il fit pendant toute la guerre la police des mers en Asie. Il a continué aussi sa politique d'expansion en tentant de rester à Kiao-Tchéou ou à Vladivostock ; il essaya même un moment de soutenir la République de Sibérie contre les Bolcheviks et porta ses divisions jusqu'au lac Baïkal. Actuellement le gouvernement japonais est engagé dans des négociations interminables avec la République de Tchita, qui est trop souvent impuissante à empêcher le massacre des commerçants et immigrants japonais. — Par ailleurs les intérêts japonais en Californie sont difficilement respectés par l'Amérique ; le Japon a trouvé un meilleur accueil au Mexique. De plus le gouvernement japonais exerce quelques mandats avantageux sur les anciennes colonies allemandes de l'Océanie ; il a dû cependant céder en partie ses droits sur l'île de Yap, centre important de câbles sous-marins ; mais le souci de l'émigration de sa population, trop forte pour son territoire, reste pour le Japon à la base de toute sa politique extérieure. Le péril jaune n'est donc pas encore près de disparaître.

IV

CONCLUSION

La guerre de 1914-1918 fut une guerre mondiale, les conséquences s'en font encore sentir par tout le monde. Mais c'est surtout en Europe que l'équilibre est lent à se rétablir. Les Etats sont ruinés et succombent sous le poids de leurs charges financières. L'organisation territoriale du Centre de l'Europe ne semble pas avoir donné satisfaction à toutes les convoitises, ni même, ce qui est plus grave, avoir assuré des conditions normales d'existence aux nouveaux Etats créés. On a détruit l'Autriche, et elle menace de se relever sous la forme d'une confédération danubienne.

De plus la lutte des classes, prônée par la Russie, trouve un aliment dans les difficultés économiques et dans l'incertitude des relations commerciales. Il faut tout à la fois rendre au monde l'ordre matériel et faire appel aux forces morales pour rétablir dans les esprits l'équilibre que tant d'événements menacent de détruire.

411

TABLE DES MATIÈRES

Pages

CHAPITRE Ier. — Avant la guerre mondiale. — La situation des Puissances en 1914. — La Papauté. — Les Grandes Puissances. — Les Balkans. 9

CHAPITRE II. — La Grande Guerre (1914-1918). — Serajevo. — Les offensives de grand style. — La guerre d'usure. — La reprise des offensives de grand style. 27

CHAPITRE III. — Le traité de Versailles. — L'Europe après la guerre. — L'application des traités ; le malaise économique européen. Conclusion 62

TABLE DES CARTES

Front Français. 33
Bataille de la Marne. 34
Bataille de la Somme 40
Front Oriental. 43
Front Italien. 49
Front de Macédoine 58

Luçon. — Imp. S. Pacteau.

BIBLIOTHÈQUE NATIONALE IMPRIMÉS

www.ingramcontent.com/pod-product-compliance
Ingram Content Group UK Ltd.
Pitfield, Milton Keynes, MK11 3LW, UK
UKHW021559260726
13993UKWH00002B/935

9 782329 198439